जय श्री कृष्णा

कृष्णांजलि...
माखन से मृग तक ॥

तृप्ता मल्होत्रा

"Connect the Vision"®

Nexus Stories Publication
Bhārata

NEXUS STORIES PUBLICATION
Surat, Gujarat, India.

Title – कृष्णांजलि...माखन से मृग तक ॥

First Published by Nexus Stories Publication 2022

Copyright © तृप्ता मल्होत्रा 2022
All Rights Reserved.

ISBN # 978-93-94059-20-7

प्रथम संस्करण © मार्च २०१९

Publication
Nexus Stories Publication™, Surat (Gujarat), Bhārata
https://nexus-stories. com # +91 87800 80718

प्रेरणा

कृष्णांजली लिखने की प्रेरणा मुझे तब मिली जब मैंनें अपनी जीवन संध्या में प्रवेश किया । मुझे एहसास हुआ कि वर्तमान में प्रत्येक व्यक्ति को हर पल सही मार्ग दर्शन के लिए किसी न किसी रूप में प्रेरक की तलाश रहती है ताकि वो अपना जीवन सफल बना सके । यही प्रेरणा मुझे   श्रीमद्भगवद्गीता के अध्यन से मिली । इस अध्यन से प्रेरित होकर मैंने कृष्णांजलि लिखने का निर्णय लिया । अतः इसके माध्यम से भगवान श्रीकृष्णजी के जन्म से लेकर उनके बैकुंठ धाम जाने तक का सफर जनमानस को समझाने का प्रयास किया है ।

श्री कृष्ण जी के चरणों
में सादर समर्पित

लेखिका के विचार

कृष्णांजलि के माध्यम से भावी पीढ़ी को भारतीय संस्कृति की ओर लाने का प्रयास किया गया है । यह सर्व-विदित है कि श्रीकृष्णजी ने द्वापर युग में विष्णु के आठवें अवतार के रूप में जन्म लिया। केवल श्री कृष्णजी ही १६ कलां सम्पूर्ण थे। कृष्णांजलि में कृष्णजी के जन्म से लेकर अंतिम समय तक इनके जीवन की प्रत्येक परिस्थिति कोई न कोई रहस्य दर्शाती है तथा सत्य पथ पर चलने के लिए प्रेरित करती है। कृष्णांजलि द्वारा प्रत्येक जन- मानस को अपनी परिस्थिति, चाहे वो कितनी भी कठिन हो, पूर्ण रूप से सफलता की ओर अग्रसर करती है । कृष्णांजलि से हमे यह शिक्षा मिलती है कि हमारा केवल कर्म करना ही कर्तव्य है ,फल देना प्रभु के हाथ में है। हम सदैव ऐसे कर्म करें जिस से किसी को भी दुःख न पहुंचे। आप के जीवन में हर मुश्किल का हल कर्मठ कर्मों से ही निकलेगा ।

हरे कृष्ण हरे कृष्ण, कृष्ण-कृष्ण हरे हरे।
हरे राम हरे राम, राम-राम हरे हरे।

अनुक्रमणिका

शीर्षक   **पृष्ठ संख्या**

विष्णु भगवान का आठवां अवतार श्री कृष्ण   1

श्री कृष्ण प्रश्नोत्तरी   3

श्री कृष्ण का जन्म,   4

कान्हा को नए घर में किसको और कैसे,

श्री कृष्ण को कौन मारना चाहता....

श्रीकृष्ण का बचपन कहाँ बीता   4

कृष्ण की गंध कैसी थी....

श्री कृष्ण किसके अवतार थे   5

पता लगने पर कंस ने उसका वध

करने का क्या प्रयास किया ?

करवट उत्सव से क्या अभिप्राय है .....

श्रीकृष्ण ने मथुरा,गोकुल और वृन्दावन   7

में क्या–क्या लीला की

कंस ने अपनी शक्ति को बढ़ाने के लिए क्या किया ?.....

श्रीकृष्ण की रासलीला का प्रसिद्ध स्थान कौन सा है ?   8

निधिवन का क्या महत्व है ?

श्रीकृष्ण ने पहली बार कब बांसुरी बजाई ?.....

श्री कृष्ण की सुदामा से कैसे दोस्ती हुई   10

श्रीकृष्ण की पांच प्रिय चीजें कौन सी हैं

ब्रज का सबसे महतवपूर्ण उत्सव कौन सा है ?   11

गोवर्धन पूजा एवं अन्नकूट पर्व क्यों मनाते है ?

अन्नकूट पर्व का क्या सन्देश है ?   15

बांकेबिहारी मंदिर में पर्दा क्यों किया जाता है ?   16

राधा को किस का रूप माना गया है ?   17

राधा और कृष्ण का क्या सम्बन्ध था ?

कृष्ण और राधा का विवाह क्यों नहीं हुआ ?

अनुक्रमणिका

शीर्षक	पृष्ठ संख्या
राधा की शादी यदि हुई तो किसके साथ हुई , कौन था उसका पति ?	18
श्रीकृष्ण का मीरा के साथ क्या सम्बन्ध था ?	
श्रीकृष्ण ने कंस का वध कब किया ?	19
श्री कृष्ण के भक्त ईसामसीह भी थे ?	
सुदामा ने कृष्ण से चावल क्यों छुपाए?	21
श्री कृष्णजी का सब से प्राचीन मंदिर कौन सा है ?	
रमणरेती का क्या महत्व है ?	
जामवंती का कृष्ण के साथ क्यों विवाह हुआ ?	23
श्री कृष्ण का शिशुपाल के साथ क्या रिश्ता था ?	
इस्क्कोन टेम्पल का क्या महत्व है ?	
श्रीकृष्ण ने कौनसे तीन नगरों का निर्माण किया ?	24
श्री कृष्ण की उम्र महाभारत के युद्ध के समय कितनी थी ?	
महाभारत का युद्ध कब हुआ ?	
वह ऐसा कौन सा कृष्ण मन्त्र है जो जिसको साक्षात् शिवजी ने भी पवित्र माना है ?	26
यमुना के प्रसिद्ध घाट कौन –कौन से हैं ?	
श्रीकृष्ण ने अर्जुन को पार्थ नाम क्यों दिया ?	27
सुदर्शनचक्र अस्त्र कैसा था ?	
सुदर्शनचक्र का महाभारत युद्ध में कैसे प्रयोग हुआ ?	
सुदर्शन चक्र किस ने तोडा ?	28
श्री कृष्ण के बाद सुदर्शन चक्र का क्या हुआ ?	
महाभारत युद्ध में दिव्य धनुष किस के पास था ?	29
बलराम ने हनुमान को देखने पर सर्वप्रथम क्या कहकर पुकारा ?....	
कलारिपट्टू मार्शलआर्ट, का पहला प्रयोग व् अविष्कार किस ने किया ?	30
श्री कृष्ण की खास विशेषता क्या थी ?	
कृष्णजी के समय में मुख्य कारीगर कौन थे ?....	

अनुक्रमणिका

शीर्षक	पृष्ठ संख्या
कृष्णजी का एकलव्य से क्या सम्बन्ध था ?	31
श्री कृष्ण ने कुरूप कुब्जा का उद्धार कैसे किया ?	
५६ भोग का क्या महत्व है ?...	
श्रीकृष्ण जी की जब हनुमानजी से भेंट हुई तो हनुमान ने कैसे पहचाना ?	32
कालियामर्दन का क्या महत्व है ?	33
श्रीकृष्ण भगवान के कितने नाम है ?	34
श्रीकृष्णजी के टेढ़ेपन का क्या कारण है ?	39
श्रीकृष्ण की बांसुरी द्रोपदी को किस ने दी ?	
श्रीकृष्ण मोरपंख क्यों धारण करते थे ?	
श्रीकृष्ण को माखनचोर क्यों कहा गया ?	40
इंद्र ने क्रोधित होकर ब्रजवासियों को डुबाना चाहा ,उस समय कृष्णजी ने उनकी रक्षा कैसे की ?	
कृष्णजी को मारने के लिए कंस ने किस राक्षसी को भेजा ?	41
श्री कृष्ण का १६१०० रानियों से क्या सम्बन्ध था ?	
कृष्णजी को गोबिंद क्यों कहते है?	
कृष्णाजी का मथुरा के बाद नया निवास स्थान कहाँ था?	43
श्रीकृष्ण ने द्रोपदी के चीरहरण के समय कैसे रक्षा की	
द्रोपदी की चीर हरण रक्षा में ऋषि दुर्वासा का क्या सांकेत है ?	44
हमारे देश का नाम भारत क्यों पड़ा ?	
श्रीकृष्ण युद्ध के समय केवल मूंगफली क्यों कहते थे ? इसका क्या रहस्य है ?	
युद्ध के दौरान श्री कृष्ण जी का कौनसा सन्देश था ?	46
श्रीकृष्ण ने निति–नियमों का व्यवस्थीकरण कब किया ?	
श्री कृष्ण ने पांडवों को जुआ खेलने से क्यों नहीं रोका ?	
विदुर कौन थे ?	46
श्री कृष्णजी विदुर को युद्ध में क्यों नहीं आने देना चाहते थे ?	

अनुक्रमणिका

शीर्षक	पृष्ठ संख्या
युद्ध के दौरान कर्ण को किसने मारा और कैसे ?	49
कर्ण का संस्कार किसने किया ?	
जब कृष्ण ने कर्ण से सोने का दांत माँगा तो क्या हुआ ?	
कलयुग का आरम्भ कब हुआ ?	51
श्रीकृष्ण को सुदर्शन चक्र किस ने दिया ?...	
जामवंत का श्री कृष्ण से क्या सम्बन्ध है ?	52
श्रीकृष्ण ने अर्जुन को यूद्ध के मैदान में कैसे आगे बढ़ने के लिए कहा ?	
पहला जीवाणु यूद्ध किसने लड़ा?	53
श्री कृष्ण द्वारा कौन सी दस बातें शिक्षा के रूप में दी गई ?	
भीष्मपितामह के मारे जाने पर श्री कृष्ण को अर्जुन ने क्या कहा ?	56
द्रोणाचार्य की मृत्यु कब हुई ?	
दुर्योधन का भीम के साथ यूद्ध कैसे हुआ ?	
महादेव ने बांसुरी कहाँ से ली ?	57
महान ऋषि ने जब हड्डियां दान में दी तो उनका अन्य प्रयोग क्या हुआ ?	
श्री हरी के पावन मन्त्र कौन से हैं जो हर संकट को हर लेते है ?	58
कृष्णजी ने नृत्य को अधिक महत्व क्यों दिया ?	61
कुरुक्षेत्र में शकुनि मामा का वध कब हुआ ?	65
भीष्मपितामह का वध किसने किया ?	
युधिष्ठर ने भीष्मपितामह के स्वास्थ्य और लम्बी आयु का रहस्य पूछा तो उन्होंने क्या कहा ?	66
गीता की रचना किसने की ?	
गीता के श्लोकों का विभाजन किस प्रकार से किया गया ?	68
गीता के प्रत्येक अध्याय का संक्षेप में विवरण ?	
श्रीकृष्ण ने पक्षियों के बारे में क्या रहस्य बताया ?	55
महाभारत युद्ध का सबसे बड़ा खलनायक कौन था ?	75
श्री कृष्णजी ने मानव को कौन सा उपवास रखने को कहा ?	

अनुक्रमणिका

शीर्षक	पृष्ठ संख्या
श्रीकृष्णजी के प्रमुख युद्ध कौन से है ?	76
कृष्णजी ने गायों के लिए मानव जाति को क्या उपदेश दिया ?	
शंख ध्वनि को कब और कितनी बार बजाया जाता है ?	77
३३ करोड़ देवी –देवतायों का मंदिर कहाँ है ?	
नारदजी ने श्री कृष्ण से पूछा कि एक महापापी और भक्त में क्या अंतर है ?	
श्री कृष्ण ने मानव की असली सुंदरता के.....	78
कृष्णजी ने कलियुग के बारे में क्या भविष्यवाणी की ?	
कृष्णजीकी लीला के तीन भाग कौन से है ?	82
युद्ध के दौरान श्री कृष्ण ने क्या सन्देश दिया ?	
श्रीकृष्णजी ने जिंदगी की किताब को कैसे दर्शाया ?	82
कृष्णजी ने किस प्रकार के सयंम को विशेष महत्व दिया ?	
महाभारत के युद्ध में अर्जुन की जीत के क्या संकेत थे ?	
क्या सभी यदुवंशी यूद्ध में मारे गए थे ?	86
श्री कृष्णकी मृत्यु कैसी हुई ? इसका क्या रहस्य है ?	
श्रीकृष्णजी को रणछोड़ क्यों कहा जाता है ?	86
श्री कृष्णजी का अंतिम संस्कार किस ने किया ?	87
कृष्ण की मृत्यु के बाद द्वारका का क्या हुआ ?	
जगन्नाथ मंदिर किसको समर्पित है ?	88
जगन्नाथ मंदिर के स्थान को किसने चुना ?	
गीता का सार	90
श्रीकृष्ण के महत्वपुर्ण विचार	92
अभिस्वीकृति	121

विष्णु भगवान का आठवां अवतार श्री कृष्ण

आइए देखें कैसे हुआ कान्हा का जन्म ?
कैसे पहुंचे नन्द नगरी ?
कैसे पता चला कंस को ?
कितना प्रयास किया कंस ने कान्हा के वध का ?
कैसे की कृष्ण ने अपनी लीलायें ?
कैसे माखनचोर कहलाया ?
कैसे दर्शायी सुदामा के साथ मित्रता ?
कृष्ण कैसे पांडवों के रक्षक बने ?
कुरक्षेत्र के युद्ध में सारथी बनकर कैसे मार्गदर्शन अर्जुन को
दिखाया ? इतना ही नहीं कितनी नारियों की रक्षा की व् कैसे ?
कैसे मिले राधा को ?
द्वारका का निर्माण कैसे हुआ ?
किस–किस की कैसे रक्षा की ?
किसके श्राप के कारण देह त्याग किया और कैसे ?
कृष्णांजलि कृष्ण सम्बन्धी सभी प्रश्नों के उत्तर दिलाएगी ।
श्रीकृष्ण भगवान की हर कला को सरल भाषा में सभी
के लिए दर्शाया गया है ।

विष्णु भगवान का आठवां अवतार श्री कृष्ण

श्री कृष्ण प्रश्नोत्तरी

प्रश्न १. श्री कृष्ण का जन्म कब और कहाँ हुआ ?
उत्तर. श्री कृष्ण का जन्म द्वापर युग में मथुरा के कारावास में हुआ ।

प्रश्न २. श्रीकृष्ण के माता –पिता का क्या नाम था ?
उत्तर. श्री कृष्ण की माता का नाम देवकी और पिता का नाम वासुदेव था।

प्रश्न ३. श्रीकृष्ण का पूरा नाम क्या था ?
 उत्तर. श्रीकृष्णजी का पूरा नाम यदुनंदन व गिरधर था ।

प्रश्न ४. श्रीकृष्ण को जन्म के समय किसने बचाया ?
उत्तर. श्रीकृष्ण को जन्म लेते ही यमुना पार करते समय जब वासुदेव गोकुल छोड़ने जा रहे थे तो बहुत बरसात होने लगी, इसमें शेषनाग ने अपने साथियो के सहयोग से फनों से छाता बनाया ताकि वो सुविधा पूर्वक यमुना पार कर सके और कंस के अत्याचारों से उनका बचाव हो सके ।

प्रश्न ५. श्रीकृष्ण को मथुरा से कहाँ ले जाया गया ?
उत्तर. कान्हा को जन्म लेते ही आधी रात को यशोदा –नन्दलाल के गांव गोकुल नगरी में वसुदेवजी यमुना पार कर यशोदा–नन्दलाल के गांव गोकुल में ले गए ।

प्रश्न ६.कान्हा को नए घर में किसको और कैसे सौंपा गया ?
उत्तर. कान्हाजी को गोकुल नन्दलाल के घर यशोदा को जिसने उसी समय कन्या को जन्म दिया था, कन्या को उठाकर और कान्हाको यशोदा की गोद में डालकर कन्या को अपने साथ ले आये ।

प्रश्न ७. मथुरा के राजा का क्या नाम था ?
उत्तर. कृष्ण के जन्म के समय मथुरा के राजा उग्रसेन थे ।

प्रश्न ८.श्री कृष्ण को कौन मारना चाहता था ?
उत्तर. श्रीकृष्ण को अपना सगा मामा मारना चाहता था ।

प्रश्न ९. कंस कृष्ण को क्यों मारना चाहता था ?
उत्तर. कंस को बहिन की शादी के बाद विदाई के समय भविष्य वाणी हुई कि देवकी–वासुदेव की आठवीं संतान कंस का वध करेगी, इसलिए शादी होते ही कंस ने उनको जेल में डाल दिया ताकि अपनी रक्षा के लिए वह पैदा होते ही उसे मार देगा ।

प्रश्न १०. श्रीकृष्ण का रंग कैसा था ?
उत्तर. श्रीकृष्ण का रंग मेघश्याम, बादल के समान मिश्रित था । काला, सफेद और नीले का मिश्रण ।

प्रश्न ११. कृष्ण की गंध कैसी थी ?
उत्तर. श्री कृष्ण की गंध रात की रानी जैसी थी ,द्रोपदी की गंध भी ऐसी थी, इसलिए कृष्ण द्रोपदी को अपनी बहिन मानते थे ।

प्रश्न १२.श्रीकृष्ण का बचपन कहाँ बीता ?
उत्तर. इनका बचपन गोकुल, बरसाने और वृन्दावन में अधिकतर बीता ।

प्रश्न १३. श्री कृष्ण किसके अवतार थे ?
उत्तर. कृष्ण विष्णु भगवान के आठवें अवतार थे ।

प्रश्न 14. श्री कृष्णके जन्म का पता लगने पर कंस ने उसका वध करने का क्या प्रयास किया ?

उत्तर.श्रीकृष्ण के जन्म का पता चलते ही कंस ने अपने मंत्रियो को अपने प्रदेश के सभी नवजात शिशुओं को मारना आरम्भ किया । जब नन्द गांव में यशोदा और नन्द बाबा के घर कृष्ण के रहने का पता चला तो कई आसुरी प्रविित्ति वाले लोगो को भेजा जो कृष्ण और बलराम के हाथों मारे गए । पूतना राक्षसी, पागल मायावी हाथी आदि को भी भेजा परन्तु सभी असफल हुए । कंस ने योजना बनाकर एक समारोह का आयोजन कर बलराम और श्री कृष्ण को मथुरा आमंत्रित कया । वहां पर कृष्ण को मारना चाहते थे । समारोह में श्री कृष्ण ने कंस को बालों से पकड़कर उसकी राजा की कुर्सी से उतार कर भूमि पर पटक दिया । जब अचेत हो गया तो उसका वधकर दिया ।

"बुरा करने वाले का अंत हमेशा बुरा होता है ।"

प्रश्न 95. श्रीकृष्ण के जन्म का पता चलते ही कौन से देवता साधु के वेश में दर्शन करने आये ?

उत्तर. कृष्ण के जन्म के बाद महादेव शिवजी भिक्षा मांगने के बहाने कृष्ण दर्शन के लिए गोकुल नगरी में आये ।

प्रश्न 16. कृष्णजी का जीवन कैसा था ?

उत्तर कृष्ण जी का जीवन एक ग्वाले जैसा ही था ।

प्रश्न 17. करवट उत्सव से क्या अभिप्राय है ? इसके साथ शकटासुर उत्सव क्या है ?

उत्तर. श्रीकृष्ण जब ८१ दिन के थे तो उन्होंने पहली करवट ली थी। नन्द बाबा ने सारे गांव वालों के साथ करवट उत्सव मनाया। इस उत्सव में मां यशोदा ने ब्राह्मणों को अन्न दान और वस्त्र

आदि दान दिए । जहां उत्सव था वहां एक टूटी हुई बैलगाड़ी पड़ी थी । कृष्ण को नींद आने लगी तो मां यशोदा ने उसी बैलगाड़ी पर पलना बनाकर कृष्णजी को सुला दिया । वास्तव में यह बैलगाड़ी मायावी थी । खिलौने के रूप में कंस ने रखवाई थी । शकटासुर उस बैलगाड़ी पे बैठ गया और कृष्णजी रोने लग गए परन्तु किसी ने भी उत्सव की मस्ती में कान्हा की आवाज नहीं सुनी । भगवान कृष्ण ने अपनी लीला आरंभम् करी । अपने टांगों और पैरों से टांगे मार–मार कर शकटासुर को पहले जख्मी किया फिर पूरी ताकत लगाकर टांगों और पैरों से ही उसे मार डाला । जब गांव के लोगो का ध्यान गया तो शकटासुर के मृत शरीर को देखकर कृष्ण लीला देखते हुए हैरान हो गए । इस से हमें यह शिक्षा मिलती है कि जीवन की महाभारत हमें स्वयं ही लड़नी है ।

प्रश्न १८.श्रीकृष्ण ने मथुरा,गोकुल और वृन्दावन में क्या–क्या लीला की ?

उत्तर. श्रीकृष्ण लीला मथुरा जन्म लेते ही नदी पार की ,यमुना का चरण स्पर्श करना इस बात का प्रतीक है कि दिव्य बालक का जन्म हुआ है । गोकुल पार करते समय शेषनाग द्वारा फनों से छाता बनाकर बरसात से बचाना आदि । गोकुल में माखनचोर के नाम से प्रसिद्ध हुए । माखन चुराया ,मटकिया फोड़ी ,गोपियों के वस्त्र हरण किया, जब वे नदी में नहा रही थी, बहुत चतुर और शरारती थे । यशोदा के पूछने पर कि माखन चुराकर खाया तो मुहं खोलकर दिखा दिया जिस में यशोदा को सारा ब्रह्माण्ड दिखाई दिया ।
वृन्दावन, बांसुरी से गोपियों को वश में करना ,मधुर संगीत व् नृत्य द्वारा नाचना ,मोहिनी मूरत दिखाना प्रतिदिन कोई न कोई शिकायत का यशोदा को सामना करना पड़ता था ।

ग्वालों के साथ गायें चराना और माखनचोर बनकर उनका पेट भरना । उन्ही ग्वालों में सुदामा भी था जो कृष्ण का प्रिय मित्र था, गरीब और कमजोर भी था ।

प्रश्न 19. श्री कृष्ण मां से क्या मांगते थे जो वह नहीं दे सकती थी ?
उत्तर. कान्हा सदैव मां यशोदा से चाँद लेकर देने की जिद्द करते थे ।

प्रश्न 20 कंस ने अपनी शक्ति को बढ़ाने के लिए क्या किया ?
उत्तर. कंस ने अपनी शक्ति को बढ़ाने के लिए आर्यव्रत के तत्कालीन सर्वप्रतापी राजा जरासंध की पुत्री से विवाह कर लिया ।

प्रश्न 21. जरासंध कौन था ?
उत्तर. जरासंध मगध के विशाल साम्राज्य का शासक था ।

प्रश्न 22. श्रीकृष्ण की रासलीला का प्रसिद्ध स्थान कौन सा है ?
उत्तर. कृष्णजी की लीला का प्रसिद्ध स्थान निधिवन में हैं जो वृन्दावन में स्थित है ।

प्रश्न 23 निधिवन का दूसरा नाम क्या है ?
उत्तर निधिवन का दूसरा नाम खजाने का जंगल है ।

प्रश्न 24. निधिवन का क्या महत्व है ?
उत्तर. निधिवन   कृष्णजी का महारास का स्थान है । कहा जाता है कि हर रात कृष्ण–राधा यहाँ आते है । यहाँ पर गोपियों के रूप में छोटे–छोटे वृक्ष है जो रात को गोपियों का रूप धारण करते हैं और राधा–कृष्ण गोपियों के साथ नृत्य करते हैं । यहाँ एक राधा–रानी मंदिर है जहां रास के पश्चात् राधा–कृष्ण

विश्राम करते हैं । निधिवन में ही रंगमहल है जहां पर राधा–कृष्ण नृत्य के लिए तैयार होते हैं । राधा –रानी मंदिर में सदैव विश्राम के लिए बिस्तर तैयार रहता है ।

प्रश्न २५.निधिवन का मंदिर कब तक खुला रहता है ?
उत्तर. निधिवन का मंदिर यात्रियों के लिए पूर्ण रूप से सांय ५ बजे तक खुला रहता है । पांच बजे ताला लगा दिया जाता है, ताला लगने के बाद मंदिर में कोई प्रवेश नहीं कर सकता ।

प्रश्न २६. निधिवन की देखरेख कैसे होती है ?
उत्तर. यहाँ की देखरेख में काफी प्राचीन पुजारी है । एक पुजारी २५ वर्ष पुराना है । यहाँ का प्रत्येक पुजारी श्रद्धा और कृष्णभक्ति से भरपूर है । कहा जाता है कि यहाँ रहनेवाला प्रत्येक व्यक्ति प्रभु से डरने वाला नहीं ब्लिक कृष्णप्रेमी है । निष्काम भाव से सेवा करता है । यह वहां की भूमि का प्रभाव है ।

प्रश्न २७. श्रीकृष्ण ने पहली बार कब बांसुरी बजाई ?
उत्तर. कृष्ण ने ५ वर्ष की आयु में बांसुरी बजानी शुरू की, तभी इनका नाम मुरलीधर पड़ा ।

प्रश्न २८. बांसुरी बजानी कृष्णजी ने कब बंद की ?
उत्तर. श्री राधा–कृष्ण का प्यार बांसुरी से आरम्भ हुआ । जब कृष्ण मथुरा वापिस गए तो राधा इंतजार में रही ।
जब द्वारका गए तो राधा कृष्ण से मिलने द्वारका गई परन्तु जब उसे मालूम हुआ कि रुक्मणि से कृष्ण की शादी हो गयी है तो कृष्ण से राधा ने कहा कि मेरे हृदय में तो आपका ही स्थान है । मैं आपके महल के पास ही दासी बनकर जीवन व्यतीत करुँगी ।

पास रहते हुए भी उसे किसी प्रकार का स्नेह दिखाई नहीं दिया जिससे राधा ने अकेले रहना शुरू कर दिया । दिन प्रतिदिन कमजोर होती चल गई । अंत में कृष्ण से अपनी इच्छा प्रकट की, कि जहां से हमारा प्रेम शुरू हुआ था ,वही धुन मुझे सुनने की इच्छा है । उसके अंतिम समय में रातदिन राधा की आखिरी साँस तक कृष्ण मुरली बजाते रहे और राधा की आत्मा श्रीकृष्ण के हृदय में समाः गयी । उनका प्यार सच्चा था इसलिए कृष्ण सहन नहीं कर पाए । श्री कृष्ण ने राधा की आत्मा समाते ही मुरली तोड़कर झाड़ियों में फेंक दी । उसके पश्चात् कृष्ण ने कभी बांसुरी नहीं बजाई ।

प्रश्न 29 . श्री कृष्ण की सुदामा से कैसे दोस्ती हुई ?
उत्तर. भगवत पुराण के अनुसार कृष्ण –सुदामा की मित्रता वृन्दावन में आचार्य सांदीपनि के आश्रम में हुई । बचपन में दोनों एकही आश्रम में विद्या ग्रहण करते थे । सुदामा एक गरीब ब्राह्मण था । आश्रम में दोनों सच्चे मित्र बन गए । यह एक सच्ची मित्रता का उदारण बन गया । श्रीकृष्ण की सारी लीलाओं में सुदामा भाग लेते थे ।

प्रश्न 30. श्रीकृष्ण की पांच प्रिये चीजें कौन सी हैं ?
उत्तर. श्री कृष्ण जी की ५ प्रिय चीजें हैं:–
    १.बांसुरी
    २.गाय
    ३.मोरपंख
    ४.कमलबीज की बैजंतिमाला
    ५. माखन –मिश्री

१.बांसुरी

सब से प्रिय कान्हा को अपनी बांसुरी थी   इसे वे अपनी खुशी और दु:ख में बजाते थे । कृष्ण को बंसी बजैया भी कहा जाता है । बांसुरी में कोई गांठ न होने के कारण कृष्ण जी ने कहा है कि मनुष्य को भी किसी बात की गांठ नहीं बांधनी चाहिए । किसी भी बुराई को पकड़ कर मत बैठो । कृष्णजी कहते है बांसुरी बिना बजाय नहीं बजती, अतः जब तक बोला न जाए हमें भी व्यर्थ नहीं बोलना चाहिए ।

जब भी बांसुरी बजती है मधुर ही बजती है, जिसका अर्थ है कि जब भी बोले मीठा बोले । जब ऐसे गुण प्रभु किसी में देखते हैं तो उसे उठाकर अपने गले से लगा लेते है ।

२.गाय

गाय सभी कार्यों में उध्दार व् गुणों की खान मानी जाती है । गोमूत्र, गोबर, दूध, दही, घी इन्हे पंचगण्य कहते है । यह रोगों तथा पापों को स्थान नहीं देती ।

३.मोरपंख

मोर एक ऐसा पक्षी है जो ब्रह्मचारी है । जब यह नृत्य करता है तो अपने पैरो को देखकर अपनी सुंदरता भूलकर आंसू गिराता है   जिसे मोरिनि यदि ग्रहण करले तो गर्भवती हो जाती है। एक बार नृत्य करते हुए मोर का पंख गिर गया । इसकी पवित्रता और हल्कापन देख कर श्री कृष्ण ने सिरपर धारण कर लिया ।

४.कमलके बीज की बजन्तीमाला

ये कमलके बीजों से बनती है । गंदगी में रहकर भी पवित्रता का प्रतीक है । ये जीवन में जीनेका सन्देश देती है कि आप के पास कितने भी अवगुणी व् पापी हों आप को छू नहीं सकते ।

बीज सख्त होने के कारण टूटते नहीं इसलिए प्रभु इनको गले से लगाए रखते है ।

५. माखन –मिश्री

माखन में मिश्री मिल जाय तो वह कण–कण में घुलकर मिठास पैदा कर देती है । कृष्ण कहते है, ऐसे ही हमारे व्यवहार से हमारे आस–पास मिठास घुल जाय । किसी से बात भी करें तो ऐसे शब्द हो जिसे सुनकर मिठास का अनुभव हो ।

प्रश्न   31. वृन्दावन, मथुरा के प्रसिद्ध मंदिर कौन से है ?
उत्तर.   मथुरा–वृन्दावन के प्रसिद्ध मंदिर –

१. मथुरा जन्मभूमि मंदिर

२.द्वारकाधीश मंदिर

३. गीता मंदिर

४. बाबाजयगुरुदेव मंदिर

५. केशवदेव मंदिर

६. चुमुण्डादेवी मंदिर

७. श्रीबाँकेबिहारी मंदिर

८. प्रेम मंदिर

९. निधिवन

१०. श्री रंगजी मंदिर

११. श्री कृष्ण–बलराम मंदिर –इस्क्कोन

१२. गोपीनाथ मंदिर

१३. श्री राधावल्भ मंदिर

१४. प्रियकांत मंदिर

१५. राधा–रमन मंदिर

१६. मदनमोहन मंदिर
१७. गोबिंद– देव मंदिर
१८. शाहजी मंदिर
१९.जयपुर मंदिर
२०. जुगल –किशोर मंदिर

प्रश्न 32. गोवर्धन पूजा एवं अन्नकूट पर्व क्यों मनाते है ?
उत्तर. गोवर्धन पूजा हरवर्ष कार्तिक मास में मनाया जाता है । इसमें गोवर्धन पर्वत की पूजा की जाती है । इस दिन ५६ भोग बनाकार भगवान श्रीकृष्ण को अर्पित किये जाते है । इस पर्व को पर्व अन्नकूट भी कहते हैं । यह पर्व कृष्णजी ने सभी गांव वालों को मनाने के लिया कहा कि वर्षा के लिए इंद्र की पूजा करते हो परन्तु हमें इंद्र के स्थान पर गोवर्धन की पूजा करनी चाहिए जिस से हमारी गऊओं को घास व् घास चरने का स्थान मिलता हैं परन्तु इसपर इंद्र ने क्रोधित होकर लगातार बरसात कर दी । श्रीकृष्ण ने इसपर सभी ब्रजवासियों और गायों को एक साथ एकत्रित किया और गोवर्धन पर्वत को एक ऊँगली पर अपनी शक्ति से उठाकर सभी की इंद्र के प्रकोप से रक्षा की ।   तब से यह पर्व प्रतिवर्ष मनाया जाता है ।

प्रश्न 33. ब्रज का सबसे महतवपूर्ण उत्सव कौन सा है ?
उत्तर. ब्रज का सबसे महत्वपूर्ण उत्सव होली है । ये विभिन प्रकार से खेली जाती है जैसे :
1 लठ्मार होली ....बरसाने में
२. खादी होली .... मथुरा –वृन्दावन में
३. गुलाल द्वारा होली........ बांकेबिहारी मंदिर में
४. फूलों की होली .... वृन्दावन में
५. रंगबिरंगी होली ....   मथुरा –वृन्दावन में
६.पिचकारी द्वारा गीले रंगो से होली .... मथुरा –वृन्दावन मे

प्रश्न.34. गोवर्धन पर्वत मथुरा से कितनी दूर है ?
उत्तर.गोवर्धन पर्वत मथुरा से २२ किलोमीटर दूर है

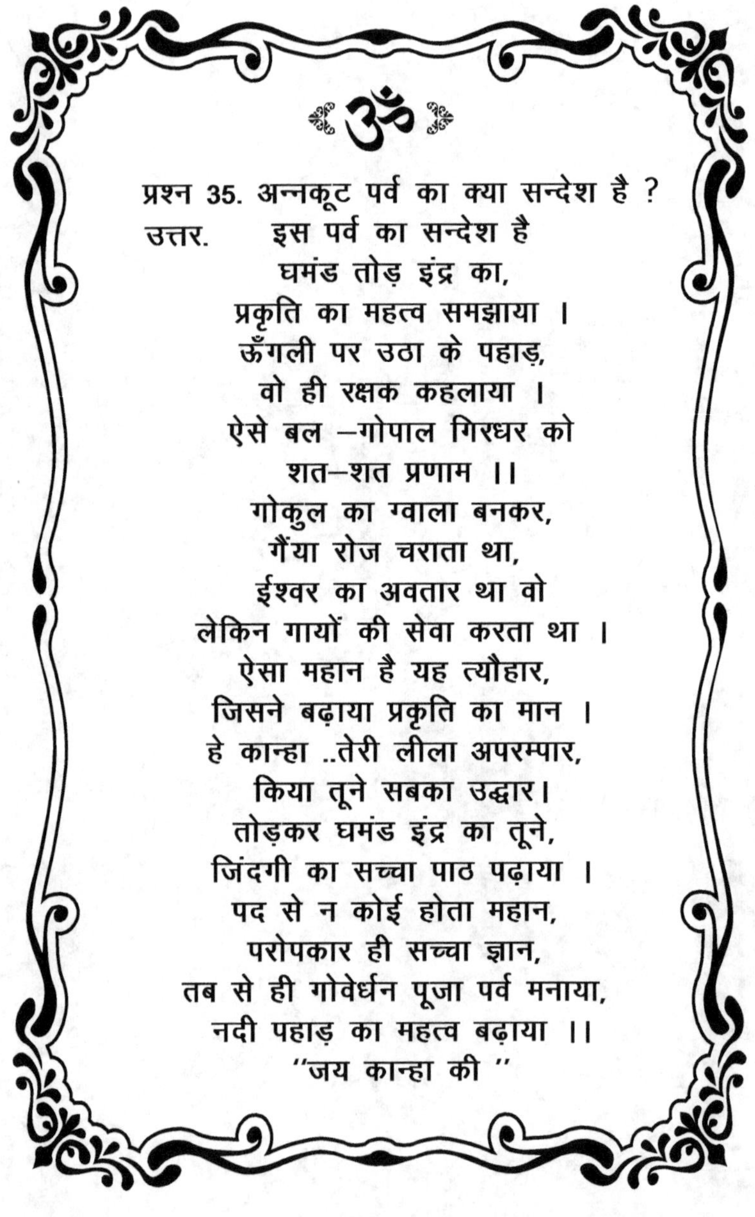

प्रश्न 35. अन्नकूट पर्व का क्या सन्देश है ?

उत्तर.   इस पर्व का सन्देश है

घमंड तोड़ इंद्र का,

प्रकृति का महत्व समझाया ।

ऊँगली पर उठा के पहाड़,

वो ही रक्षक कहलाया ।

ऐसे बल –गोपाल गिरधर को

शत–शत प्रणाम ।।

गोकुल का ग्वाला बनकर,

गैंया रोज चराता था,

ईश्वर का अवतार था वो

लेकिन गायों की सेवा करता था ।

ऐसा महान है यह त्यौहार,

जिसने बढ़ाया प्रकृति का मान ।

हे कान्हा ..तेरी लीला अपरम्पार,

किया तूने सबका उद्धार।

तोड़कर घमंड इंद्र का तूने,

जिंदगी का सच्चा पाठ पढ़ाया ।

पद से न कोई होता महान,

परोपकार ही सच्चा ज्ञान,

तब से ही गोवर्धन पूजा पर्व मनाया,

नदी पहाड़ का महत्व बढ़ाया ।।

''जय कान्हा की ''

प्रश्न 36. गोवेर्धन किसके निकट स्थित है ?
उत्तर. गोवेर्धन प्राचीन वृन्दावन के निकट स्थित है ।

प्रश्न 37. बांकेबिहारी मंदिर में पर्दा क्यों किया जाता है ?
उत्तर. वृन्दावन में बांकेबिहारी मंदिर में बार –बार पर्दा इसलिए किया जाता है क्योकि यह कृष्णजी का पावन धाम है, इसमें बांकेबिहारी स्वयं प्रगट हुए है । इस मंदिर का निर्माण १६२६ में श्री स्वामी हरिदास के नेतृत्व में किया गया । यहाँ दूर –दूर से भक्त दर्शन के लिए आते है । कहा जाता है कि कई बार ऐसा हुआ कि जो भक्त पूर्णयता ध्यान लगाकर एकटक इनके दर्शन में मग्न हो जाते हैं, यह अपना स्थान छोड़कर उनके
साथ चल पड़ते है । ऐसे किस्से जब अधिक होने लगे तो बांकेबिहारीजी की केवल झलक दिखाई जाने लगी और पुजारी बार–बार झलक दिखाकर पर्दा कर देते हैं । पुजारिओं का समूह सदैव कार्यरत रहता है । स्वामी हरिदास का नाम कृष्ण के प्रसिद्ध भक्तों में से है ।
दूसरा कारण यह भी कहा जाता है कि श्री बांकेबिहारी को नजर से बचाने के लिए भी बार –बार पर्दा किया जाता है ताकि कोई भी एकटक इनको न देखता रहे ।

प्रश्न 38. बांकेबिहारी मंदिर के प्रसिद्ध उत्सव कौन से हैं ?
उत्तर. बाकेबिहारी मंदिर के उत्सव –
    १.बांके बिहारी मंदिर में केवल जन्माष्टमी वाले दिन मंगला आरती होती है ।
    २. अक्षयतृतीय वाले दिन बांकेबिहारी के चरण दर्शन होते हैं ।
    ३. बांकेबिहारीजी शरत्पूर्णिमा वाले दिन वंसी धारण करते हैं ।
    ४. बांकेबिहारी केवल श्रवणतीज के दिन झूले पर बैठते हैं ।

प्रश्न 39 . राधा को किस का रूप माना गया है ?
उत्तर. राधाको अक्सर राधिका भी कहा जाता है । हिन्दू धर्म में विशेषकर वैष्णव सम्प्रदाय में प्रमुख देवी है जिसको राधाकृष्ण के रूप में पूजा जाता है । राधा को लक्ष्मी स्वरुप भी माना जाता है ।

प्रश्न 40.राधा और कृष्ण की भक्ति कब शुरू हुई?
उत्तर. राधा और कृष्ण कि भक्ति मध्यकाल से हुई । हरिवंशजी महाप्रभु के समुदाय की प्रवर्तक आचार्य राधा है ।

प्रश्न 41. राधा और कृष्ण का क्या सम्बन्ध था ?
उत्तर. कहा जाता है कि कृष्ण ने अपनी लीलाओं के लिए स्वयं से ही राधा को प्रगट किया और दो शरीर धारण कर लिए । पदम्पुराण के अनुसार राधा वृषभानु गोप की पुत्री थी । राधा कृष्ण की मित्र थी और बरसाने की रहनेवाली थी । नंदगांव चार मील दूर था जहाँ राधाकी कृष्ण के साथ पहली मुलाकात हुई थी, तबसे इनका प्रेम बढ़ता चला गया । यहां पर एक मंदिर भी है, जहां सभी दर्शन के लिए जाते है ।

प्रश्न 42. श्री कृष्ण –राधा रासलीला कहाँ करते थे ?
उत्तर. श्री राधा–कृष्ण यमुना तट पर जहां श्रीकृष्ण ने कालियानाग का वध किया था ,वहीं पर युगल स्नान करते थे । कृष्ण राधा व् अन्य गोपियों के संग नृत्य तथा प्रत्येक उत्सव मनाते थे और इनकी शरारतों के कारण ही बांकेबिहारी नाम पड़ा ।

प्रश्न 43. कृष्ण और राधा का विवाह क्यों नहीं हुआ ?
उत्तर. कहा जाता है कि राधा रुक्मिणी एक ही थी, जैसे राधा कृष्ण की प्रेम दीवानी थी वैसे ही रुक्मणि भी कृष्ण को पति

के रूप में सपने में देखती थी । इस बारे में कृष्ण को बिलकुल ज्ञान नहीं था । रुक्मणि का विवाह उसके भाई ने कहीं ओर तय कर दिया । रुक्मणि ने भाई से कह दिया कि यदि उसकी शादी कृष्ण से नहीं हुई तो वह प्राण त्याग देगी ।

इस घटना से पहले कृष्ण रुक्मणि को जानते भी नहीं थे तो इस प्रकार से कृष्ण को शादी करनी पड़ी परन्तु कहा जाता है कि कृष्ण को पता था कि राधा और रुक्मणि एक ही है । राधाको रुक्मणि का आध्यत्मिक अवतार माना जाता है । श्री कृष्ण राधा से शादी नहीं कर पाए परन्तु जीवन भर एक दूसरे से प्रेम करते रहे ।

प्रश्न 44. राधा की शादी यदि हुई तो किसके साथ हुई, कौन था उसका पति ?

उत्तर. राधा का प्रेम कृष्ण के साथ ही था । राधा मां लक्ष्मी का अवतार ओर कृष्ण विष्णु का अवतार थे । मां लक्ष्मी ने कहा था कि विष्णु के अतिरिक्त मै किसी ओर की जीवन संगिनी नहीं बन सकती । कहा जाता है कि ब्रम्हा ने नंदबाबा की गोद में कृष्ण थे बाल–गोपाल के रूप में, ओर वह कान्हा को अक्सर भांडीर गांव ले जाते थे, अचानक तेज तूफान आया, नंदबाबा ऑंखें नहीं खोल पा रहे थे क्योकि साथ तेज रौशनी भी थी । उस समय राधा दिव्य शक्ति के रूप में साक्षात् प्रगट हुई । राधा के प्रगट होते ही श्री कृष्ण ने किशोर रूप ले लिया । ठीक इसी समय ब्रम्हा ने ललिता और विशाखा के सामने राधा–कृष्ण की शादी कर दी । इसके पश्चात् राधा सखियों सहित अंतर्ध्यान हो गई तथा कृष्ण भी बालरूप में प्रवेश कर गए । कहा जाता है कि राधा का विवाह कृष्ण से न होकर बड़े होने पर जटिला नामक गोपी के पुत्र अभिमन्यु से हुआ परन्तु वह कभी राधा को स्पर्श नहीं कर पाया ।

प्रश्न 45. श्री कृष्णजी की मुख्य खाने की मनपसंद चीजें कौन सी हैं ?
उत्तर. भगवान कृष्ण को माखन –मिश्री, खीर, साग और तिल से बने सभी व्यंजन पसंद है ।

प्रश्न 46.श्रीकृष्ण का मीरा के साथ क्या सम्बन्ध था ?
उत्तर. श्रीकृष्ण और मीरा की भक्ति का इस पृथ्वी पर अद्भुत उदारण है । मीरा बचपन में ही कृष्ण को अपना पति मान चुकी थी । जबरदस्ती शादी कर देने पर भी प्रतिदिन कृष्ण ध्यान में मग्न रहती थी । यह दिव्य प्रेम ऐसा था कि वह अपनी सुध–बुध भूल कर हाथ में वीणा धारण किए हर गली में कृष्ण गीत गाती रही । कोई भी उसके प्रेम को नहीं बदल सका । कृष्ण को मानने वाली मीरा एकदिन अपनी धुन में द्वारका पहुँच गई । कृष्ण को पुकारा ,और भीतर प्रवेश किया । द्वारका में एक अद्भुत प्रकाश हुआ और किवाड़ बंद हो गए । जब खुले तो देखा कि वह वही समां चुकी थी । दिव्य प्रेम का सम्बन्ध था मीरा का कृष्ण के साथ जो शब्दों द्वारा वर्णन नहीं किया जा सकता ।

प्रश्न 47. श्रीकृष्ण ने कंस का वध कब किया ?
उत्तर.   श्री कृष्णजी ने   १४ दिसम्बर ३२१८ ईसापूर्व शिवरात्रि के दिन अत्याचारी कंस का वध किया । इसके पश्चात् ही ११ वर्ष ६ मास में मथुरा लीला आरम्भ करदी ।

प्रश्न 48. श्रीकृष्ण का नाम मदनमोहन कैसे पड़ा ?
उत्तर. मदनमोहन हिन्दू देवता कृष्ण का एक रूप है । कृष्ण को मदनमोहन के रूप में मनाया जाता है जो सभी को मंत्रमुग्ध कर देता है । राधा को मध्यस्थ के रूप में जाना जाता है । राधा के बिना कृष्ण तक पहुंचना संभव नहीं है । मदनमोहन के नाम से वृन्दावन में एक मंदिर भी है ।

प्रश्न 49. श्री कृष्ण के भक्त ईसामसीह भी थे ?
उत्तर.ईसामसीह ने भारत का भ्रमण किया था और वह कश्मीर से लेकर जगन्नाथ मंदिर तक गए थे । इन्होने कश्मीर के एक बोध मठ में रहकर ध्यान –साधना की थी । श्री कृष्ण का इनके जीवन पर बहुत प्रभाव पड़ा । 'जीसस' शब्द का संस्कृत में अर्थ है 'मूल तत्व' ।

प्रश्न 50. सुदामा ने कृष्ण से चावल क्यों छुपाए?
उत्तर. सुदामा बहुत कठिनाईओं के कारण अपनी पत्नी सुशीला के कहने पर कृष्ण के पास सहायता के लिए गया । जाते समय उसकी पत्नी ने एक मुठी चावल भेंट में कृष्ण को भेजे । उसके महल को देख शर्म के मारे चावलों की पोटली को बगल में दबोच लिया परन्तु नटखट कृष्ण ने देख लिया और सुदामा से कहा ....क्यों छिपा रहे हो भाभी द्वारा भेजी हुई मेरी भेंट को क्योकि दबोचने के कारण कुछ चावल पृथ्वी पर गिर गए थे । वह चावल लेकर खा गए ।

प्रश्न 51. चावलों के खाने के विषय में क्या कथा प्रसिद्ध है ?
उत्तर. संतमहात्मा वर्णन करते है की सुदामा से लेकर जब एक बार चावल खाए तो बदले में उसे एक लोक का राज्य दे दिया, दूसरी बार खाय तो दूसरे लोक का राज्य दे दिया । जब तीसरी बार खाने लगे तो उनकी पत्नी रुकमणीजी ने चतुराई के साथ रोक लिया । रुकमणीजी ने कहा कि हे प्रभु महात्मा का प्रसाद हमे भी मिलना चाहिए । सुदामा ने कृष्ण से कुछ भी नहीं माँगा था पर जब घर वापिस लोटे तब दृश्य देखते ही दंग रह गए । कहने लगे कि आज मेरे मित्र ने क्या–क्या दे दिया । यह ईश्वर से सच्ची प्रीत का नमूना है ।

प्रश्न 52. श्री कृष्णजी का सब से प्राचीन मंदिर कौन सा है ?
 उत्तर. श्रीकृष्ण जी का सबसे प्राचीन मंदिर श्री बांकेबिहारी मंदिर है ।

प्रश्न 53. रमणरेती का क्या महत्व है ?
उत्तर. यह ऐसा स्थान है जहाँ कृष्ण ने ग्वाल बालों के साथ गायें चराई थी और रेत के मैदान में मित्रों के साथ लोट –पोट हुए थे । इस पावन भूमि का नाम रमणरेती है । यहाँ रमणबिहारी जी का मंदिर है । यहाँ संत रसखान ने तपस्या की थी । संत रसखान की समाधि भी इसी भूमि पर है । यहाँ राधा –कृष्ण की अष्टधातु की मूर्ति है जो दर्शनीय है । यहाँ पर दूर –दूर से लोग दर्शन के लिए आते हैं । इस स्थान पर कृष्णजी के समय कई कदम्ब और पीपल के वृक्ष थे । यहाँ श्री कृष्णरज की अनुभूति होती है । यह लड्डूगोपाल जी का क्रीड़ा स्थल है । यहाँ बलराम और कृष्ण खेलते थे ।

प्रश्न 54. जामवंती का कृष्ण के साथ क्यों विवाह हुआ ?
उत्तर. पुराणों के अनुसार बहुमूल्य मणि हासिल करने के लिए जिस की चोरी का आरोप कृष्ण पर था । कृष्ण और जामवंत के बीच २८ दिन तक भयंकर युद्ध हुआ । युद्ध के दौरान जामवंत ने कृष्ण के स्वरूप को पहचान लिया । तब जामवंत ने अपने को हारते हुए देख अपनी पुत्री जामवंती की शादी कृष्ण के साथ करदी । शादी में मणि भी कृष्ण को दे दी । इस से मणि की चोरी के इल्जाम भी कृष्ण के सर से हट गया ।

प्रश्न 55. सूर्य मंदिर के क्या रहस्य है ?
उत्तर. सूर्य मंदिर मुल्तान में है । ऐसा कहा जाता है कि इसके पास चंदरभ नदी जिसके किनारे साम्बा कृष्ण पुत्र , ने लगभग १२ वर्ष तक सूर्यदेव की कड़ी तपस्या की थी क्योकि वह कृष्णजी

के श्राप द्वारा ही कोड़ी हो गया था । उसी नदी में स्नान करने से साम्बा ठीक हो गया । इस मंदिर का निर्माण भी साम्बा ने करवाया था । इस नदी में स्नान करने से व्यक्ति का कोढ़ दूर हो जाता है ।

प्रश्न 56. श्री कृष्ण का शिशुपाल के साथ क्या रिश्ता था ?
उत्तर. कृष्णजी का शिशुपाल भतीजा था । यह कृष्ण से ईष्या करता था और उन्हें हमेशा गालियाँ देता था । कृष्ण ने कई बार अपनी भुआ से शिकायत लगाई तब भी उसपर कोई प्रभाव नहीं पड़ा । कृष्ण से उनकी भुआ ने कहा कि इसे सोबार माफ कर देना, यदि फिर भी नहीं माने तो आप इसे जो सजा देनी हो दे सकते हो ।

प्रश्न 57. श्रीकृष्ण ने शिशुपाल को कब मारा ?
उत्तर. श्रीकृष्ण ने ११ फरवरी ३१५३ ईसापूर्व जब वह ७५ वर्ष और ६ मास के थे उन्होंने शिशुपाल के वर्ताव से तंग आकर उसका राजसूय योग में सभी राजाओं के सामने शिशुपाल का वध कर दिया ।

प्रश्न 58. इस्क्कोन टेम्पल का क्या महत्व है ?
उत्तर. इस्क्कोन को हिंदी में अन्तर –राष्ट्रीय सोसाइटी फॉर कृष्णा कॉन्शियसनेस्स कहा जाता है । इसको हरे कृष्ण आंदोलन के नाम से भी जाना जाता है । इसे १९६६ में नूयार्क में भक्तिवेदांत स्वामी प्रभुपाद ने शुरू किया । देश विदेश में इसके अनेक मंदिर और विद्यालय है । 'कृष्ण चेतना' इसका आधार है । वृन्दावन में इसका विशाल मंदिर है ।

इसका महामंत्र है:

हरे कृष्ण हरे कृष्ण, कृष्ण कृष्ण हरे हरे ।
हरे राम हरे राम, राम राम हरे हरे ।

यहां मिलनेवाली असीम शांति की तलाश में अधिक से अधिक पश्चमी और पूर्वी लोग कृष्ण चेतना ' की ओर आकर्षित होते हैं ।

प्रश्न 59. श्रीकृष्ण ने कौनसे तीन नगरों का निर्माण किया ?
उत्तर.   1.द्वारका .....अपने लिए जिसमे कृष्ण ने कई महत्वपुर्ण
पल बिताये ।
२. इंदरप्रस्थ ....पांडव पुत्रों के लिए
३. बैकुंठ ....भगवान कृष्ण का धाम

प्रश्न 60.श्री कृष्ण की उम्र महाभारत के युद्ध के समय कितनी थी ?
उत्तर. युद्ध के समय श्रीकृष्ण की उम्र ८६ वर्ष २ मास और ७ दिन की थी ।

प्रश्न 61 . महाभारत का युद्ध कब हुआ ?
उत्तर. महाभारत का युद्ध ३१३८ ईसापूर्व हुआ ।

प्रश्न 62. महाभारत का युद्ध कितने दिन हुआ ?
उत्तर. महाभारत का युद्ध १८ दिन हुआ ।

प्रश्न 63. वह ऐसा कौन सा कृष्ण मन्त्र है जो जिसको साक्षात् शिवजी ने भी पवित्र माना है ?
उत्तर. वो पवित्र मन्त्र इस प्रकार है :–

ॐ नमो भगवते तस्मै कृष्णायाकुण्ठमेघसे

सर्वव्याधि विनाशय प्रभो माममृतमकृधि ।

प्रश्न 64. परिकर्मा मार्ग कहाँ से आरम्भ होता है ?
उत्तर. परिकर्मा का मार्ग वैष्णव जातिपुरा से और समान्य जन मानसी गंगा से करते है । परिकर्मा जहाँ से शुरू करते है वहीँ पर अन्तमे पहुँच जाते है   ।

प्रश्न 65. श्रीकृष्ण के प्रसिद्ध भक्त कौन से है ?
उत्तर. कृष्ण के प्रसिद्ध भक्तः— चौतन्यमहाप्रभु, स्वामी हरिदास, श्रीहित हरिवंश और महाप्रभु वल्लभचार्य ।

प्रश्न 66 . यमुना के प्रसिद्ध घाट कौन –कौन से हैं ?
उत्तर. यमुना के प्रसिद्ध घाट :–
१.श्री वाराह घाट
२. कालियदमन घाट
३. श्री अंधेर घाट
४. इमलीतला घाट
५. श्रृंगार घाट
६. गोबिंद घाट
७. चीर घाट
८. भ्रमर घाट
९. केशी घाट
१०. धीर समीर घाट
११. राधा–बागघाट
१२. पानी घाट
१३. बद्री घाट
१४. राजघाट
१५. सूर्य घाट
१६. युगल घाट
१७. विहार घाट

प्रश्न 67. श्रीकृष्ण ने अर्जुन को पार्थ नाम क्यों दिया ?
उत्तर. अर्जुन को पार्थ इसलिए कहा क्योकि अर्जुन की मां कुंती का पहला नाम पृथा था । दूसरा नाम कुंती था । अर्जुन को कृष्ण अपना बहुत करीबी व् प्रिय मानते थे । जैसे वासुदेव का पुत्र वासुदेवा पृथा कुंती का पुत्र पार्थ, कहकर कृष्ण ने सबोधित किया । इसलिए पार्थ का अर्थ है कुन्तीपुत्र ।

प्रश्न 68. सुदर्शनचक्र अस्त्र कैसा था ?
उत्तर.सुदर्शनचक्र एक ऐसा अचूक अस्त्र था जिसे छोड़ने के बाद यह लक्ष्य का पीछा करता था । उसका काम तमाम करके वापिस आ जाता था । सबसे पहले यह विष्णु के पास था । यह ब्रह्मास्त्र के समान सबसे शक्तिशाली था ।

प्रश्न 69. सुदर्शन चक्र का रहस्य क्या है ?
उत्तर. कंस वध के बाद कृष्ण ने मथुरा छोड़ दी, उस समय मथुरा के राजा उग्रसेन थे । पद्मावत राज्य में वैश्य नदी के तट पर भगवान परशुराम रहते थे ।उनके चमत्कारी शक्ति के किस्से फैले हुए थे । कृष्ण और बलराम उनसे मिलने गए । जब परशुराम के आश्रम में गए तो प्रवेश द्वार पर ही उनका स्वागत हुआ तथा विश्राम की व्यवस्था की गयी । परशुराम ने कहा की गोमांतक पर्वत पर तुम्हारे लिए एक अमूल्य उपहार रखा है जिसको मैं तुम्हारी योग्यता देख कर सौंपना चाहता हूँ । परशुराम ने श्रीकृष्ण को उसी समय दहिनी तर्जनी पर १२ तीखे और तेज धारवाला वज्रनाभ गर–गर घूमनेवाला ,आचमन कराकर सुदर्शन की दीक्षा देकर कहा 'हे श्रीकृष्ण आज से मेरे इस सुदर्शनचक्र के तुम अधिकारी हुए ।।'

प्रश्न 70. सुदर्शनचक्र का महाभारत युद्ध में कैसे प्रयोग हुआ ?
उत्तर. जब श्री कृष्ण ने अर्जुन को युद्ध करने के लिए बहुत समझाया परन्तु अर्जुन युद्ध के लिए तैयार नहीं हुए ।

इस समय कृष्ण ने युद्ध में सदर्शन चक्र के प्रयोग से ही समय को रोका ।इस समय अर्जुन को गीता उपदेश देकर अपना विराट रूप दिखाया जिस से अर्जुन युद्ध करने को तैयार हुआ ।।

प्रश्न 71. सुदर्शन चक्र किस ने तोडा ?
उत्तर.एक बार सुदर्शन चक्र को स्वयं पर अभिमान हो गया तो भगवान श्रीकृष्णने उनके अभिमान को दूर करने के लिए हनुमान जी की सहायता मांगी । हनुमानजी द्वारका आये । हनुमान जी घुसते ही अपने कौतुक करने लगे, जब कृष्ण तक बात पहुंची तो उन्होंने वानर को पकड़ कर लाने को कहा लेकिन हनुमान नहीं आये । कृष्णजी ने कहा कि उनको कहो श्रीराम बुला रहे है और सुदर्शनचक्र को आदेश दिया कि द्वार पर रहना । दरबार के द्वार पर चक्र ने हनुमान जी को रोक लिया कि आदेश के बिना अंदर नहीं जा सकते । यह सुनकर हनुमानजी बर्दाश्त नहीं कर पाए । हनुमानजी ने सुदर्शन चक्र को इलाइची की भांति मुहं में दबोच लिया । भगवान राम को कृष्ण के रूप में देखकर चरणों में नतमस्तक हो गए । सुदर्शन चक्र मुहँ से निकालकर प्रभु के चरणों में डाल दिया । सुदर्शन चक्र का घमंड दूर हुआ और कृष्ण ने हनुमान की शक्ति का गर्व करते हुए उसे गले से लगा लिया ।

प्रश्न 72 .श्री कृष्ण के बाद सुदर्शन चक्र का क्या हुआ ?
उत्तर. यह अस्त्र अभेद था और अपना कार्य करने के बाद ही वापिस आता था । यह भगवान विष्णु का अस्त्र था । इसका निर्माण भगवान शिव ने किया था । कहा जाता है की सूर्य के गोले के ताप से तीन चीजों का निर्माण हुआः–
१.पुष्पक विमान
२. त्रिशूल
३. सुदर्शन चक्र
जब कृष्ण ने देह त्याग दी तब वहीं सुदर्शन चक्र भी पृथ्वी में

समा गया क्योंकि इसका धारण और प्रयोग केवल विष्णु के अवतार द्वारा ही हो सकता है । भविष्य में जब भगवान कलगी अवतार लेंगें तो इसका प्रयोग वे ही कर पाएँगे । जब कलियुग चरमसीमा पर होगा तो विष्णु कलगी अवतार के रूप में आयेगे । इस के प्रशिक्षण के लिए हनुमानजी और परशुराम साथ होंगे । वह ही पाप का अंत करेंगे । यह सृष्टि के चालक भगवान विष्णु का अभेद यंत्र है ,कोई भौतिक वस्तु नहीं । इसका प्रयोग समय आने पर ही किया जाता है ।

प्रश्न 73. महाभारत युद्ध में दिव्य धनुष किस के पास था ?
उत्तर. अर्जुन महाभारत के मुख्य पात्रों में से एक थे । उनके पास एक दिव्य धनुष था   जिसका नाम गांडीव था । यह धनुष अर्जुन को अग्निदेव द्वारा दिया गया था   ।

प्रश्न 74.बलराम ने हनुमान को देखने पर सर्वप्रथम क्या कहकर पुकारा ?
उत्तर. बलराम ने हनुमान को जब देखा कि वाटिका में फल तोड़कर मजे से खा रहा है तो बलराम ने उन्हें वृद्ध वानर बड़े क्रोध और अहंकार से कहकर सम्बोधित किया ।

प्रश्न 75 .जरासंध के युद्ध का सेनापति कौन था ?
उत्तर. जरासंध के युद्ध का सेनापति बलराम था ।

प्रश्न 76 कृष्ण के धनुष का नाम क्या था ?
उत्तर. श्री कृष्ण के धनुष का नाम सारंग था ।

प्रश्न 77. श्री कृष्ण की खडग का नाम क्या था ?
उत्तर. श्री कृष्ण की खडग का नाम नंदक था ।

प्रश्न 78. श्री कृष्ण की गदा का क्या नाम था ?
उत्तर. श्री कृष्ण की गदा का नाम कौमोदकी था ।

प्रश्न 79. श्री कृष्ण के शंख का नाम क्या था ?
उत्तर. श्री कृष्ण के शंख का नाम पांचजन्य था जो गुलाबी रंग का
था ।

प्रश्न. 80 श्री कृष्ण के रथ का क्या नाम था ?
उत्तर.श्री कृष्ण के रथ का नाम जैत्र और गरुड़ध्वज था ।

प्रश्न 81. श्री कृष्ण जी का सारथी कौन था ?
उत्तर.श्री कृष्ण जी का सारथी दारुक था ।

प्रश्न 82. श्री कृष्ण जी के अश्वों के क्या नाम थे ?
उत्तर, कृष्णजी के अश्वो के नाम :–
           शैव्य ,सुग्रीव,मेघपुष्प और बलाहक ।

प्रश्न 83.क्लैरियपटु 'मार्शलआर्ट,' का पहला प्रयोग व् अविष्कार
किस ने किया ?
उत्तर.मार्शल आर्ट का अविष्कार व् प्रयोग कृष्णजी ने किया   ।

प्रश्न 84.श्री कृष्ण जी के बाद इस विद्या का प्रचार
मार्शल–आर्ट, किसने किया ?
उत्तर. मार्शल आर्ट का प्रचार कृष्ण के बाद अगस्त्यमुनि ने
 किया ।

प्रश्न 85. इसका प्रचार कहाँ प्रसिद्ध हुआ ? मार्शल आर्ट,
उत्तर. मार्शल आर्ट का अधिक प्रचार गुजरात में डांडिया नृत्य के
रूप में हुआ ।

प्रश्न 86. नारायणी सेना किसने तैयार की?
उत्तर. नारायणी सेना श्रीकृष्ण जी ने तैयार की ।

प्रश्न .87. श्रीकृष्ण को कौन सा अस्त्र शिव ने दिया ?
उत्तर. श्री कृष्ण को पाशुपतास्त्र नमक अस्त्र शिव ने दिया । यह केवल अर्जुन और कृष्ण के पास था ।

प्रश्न 88. श्री कृष्ण की खास विशेषता क्या थी ?
उत्तर. श्रीकृष्ण जी की खास विशेषता यह थी कि वह एक समान्य जीव की तरह नहीं थे । सुडोल, कोमल, नारी समान शरीर । वह सदा जवान बने रहे, झुर्रियों रहित युवा की तरह । ११६ वर्ष तक उनकी आयु का अनुमान कोई नहीं लगा सकता
 था ।

प्रश्न 89. कृष्णजी के समय में मुख्य कारीगर कौन थे ?
उत्तर.कृष्णजी के समय में विश्वकर्मा देवताओं के तथा मयदानक असुरों के इंजीनियर थे । जो अपने में सर्वगुणसम्पन थे ।

प्रश्न 90. श्रीकृष्ण ने यमराज के हाथों कौन से गुरुपुत्र को मृत्युलोक से वापिस लाये ?
उत्तर. श्रीकृष्ण यमराज से गुरु संदीपनि मुनि के मृत पुत्र को जिन्दा किया ।

प्रश्न 91. कृष्णजी का एकलव्य से क्या सम्बन्ध था ?
उत्तर. एकलव्य कृष्ण के पिता वासुदेव के भाई का बेटा था । कृष्णजी जब रुक्मणि को ले जा   रहे थे तो शिशुपाल और जरासंध का श्री कृष्ण से युद्ध हुआ था तो एकलव्य ने भी उनका साथ दिया और कृष्ण को चुनौती भी दी । इस पर श्री कृष्ण ने एकलव्य पर प्रहार किया और वह मर गया ।

प्रश्न 92. श्री कृष्ण ने कुरूप कुब्जा का उद्धार कैसे किया ?

उत्तर.जब कृष्ण ने कुरूप कुब्जा को सुंदरी कहकर बुलाया तो कुब्जा रोने लगी, उसने बहुत बुरा मनाया । कुब्जा ने कृष्ण को नहीं पहचाना परन्तु बहुत क्रोधित हुई । कृष्ण ने कहा, सुंदरी तुम्हारी श्राप की अवधि समाप्त हो गई है इसलिए अब तुम चिंता नहीं करो । कुब्जा के हाथ में राजा कंस के लिए श्रृंगार की टोकरी हाथ में थी । वह डर रही थी कि कृष्णजी ने कुब्जा के हाथ से सहारे का डंडा लेकर फैंक दिया और कुब्जा के हाथ को अपने हाथ में ले लिया । कुब्जा कृष्ण को निहार रही थी कि कृष्ण जी ने कुब्जा को सीधा खड़ा कर दिया और उसकी कुरूपता सुंदरता में बदल गई । कृष्णजी ने कहा "सुंदरी कुछ मांगो तो कुब्जा ने कहा मैं तुम्हे इस श्रृंगार की टोकरी से राजा कंस को छोड़ कर आपको सुसज्जित करना चाहती हूँ ।श्री कृष्ण ने कहा कि यह अवसर तुम्हे अवश्य दुगाँ । इस प्रकार से कृष्ण ने कुब्जा का उद्धार किया ।"

प्रश्न 93. ५६ भोग का क्या महत्व है ?

उत्तर. भगवान के लगायजाने वाले ५६ भोग की बड़ी महिमा है । जब कृष्ण ने ब्रज की रक्षा करने के लिए गोवेर्धन पर्वत अपनी ऊँगली पर उठाकर ब्रजवासियों की बरसात से रक्षा की थी । उस समय से प्रभु को ५६ तरह के व्यंजन बनाकर परोसे जाते है । कृष्णजी बचपन में एक दिन में ८ बार भोजन करते थे । जब इंद्र के प्रकोप से ब्रजवासियो की रक्षा की तो लगातार सात दिन तक अन्न –जल ग्रहण नहीं किया । इसपर कृष्ण के प्रति श्रद्धा दिखाते हुए ब्रजवासियों ने इस प्रकार हिसाब लगाया

१ दिन ......८ बार

७ दिन ..... 8X7 =५६

ब्रजवासियों ने सोचा कि हमारी रक्षा के लिए कृष्ण ने ५६ बार भोजन नहीं किया तो अपना प्रेम प्रदर्शित करने के लिए कृष्णजी को ५६ व्यंजनों का भोग लगाया । ५६ की संख्या कान्हा को बहुत प्रिय लगी ।

तबसे ५६ भोग का प्रसाद प्रभु को लगने लगा । इस भोग में अधिक व्यंजनों में दूध –दही का प्रयोग किया जाता है ।

प्रश्न 94.श्रीकृष्ण जी की जब हनुमानजी से भेंट हुई   तो हनुमान ने कैसे पहचाना ?

उत्तर. हनुमानजी जब वृक्ष से फल तोड़कर खा रहे थे तो वह वृद्ध रूप में थे । वाटिका में देखकर बलराम क्रोधित हो गए और हनुमान को वाटिका से जाने को कहा । इसपर हनुमानजी ने कहा ......तुमको अहंकार का रोग हो गया है तो बलराम ने गदा युद्ध करना शुरू कर दिया । हनुमान जी हर वार में जय श्री राम की धुन लगाए हुए थे । बलराम के सारे वार व्यर्थ गए । हनुमान जी रामजी के ध्यान में मस्त हो गए । हनुमानजी रामनवमी के दिन नारदजी के बताने पर श्रीकृष्ण भेष बदल कर उसी मंदिर में गए जहां हनुमानजी श्री रामजी का जन्म दिवस मना रहे थे । वहां ब्राह्मणों को भोजन खिला रहे थे और नारदजी भी वहीँ थे । कृष्ण जी भी वहां भोजन ग्रहण करने वाले ब्राह्मणों की पंक्ति में बैठ गए । जब कृष्ण के पास पहुंचें तो उनको देखते ही रह गए । हनुमानजी कृष्ण के चरणों पर गिर गए और कहने लगे अपने सेवक का प्रणाम स्वीकार करो । हनुमानजी की आँखों में आंसू आ गए । श्रीकृष्ण अपने असली रूप में आ गए । उन्होंने चरणों से पहचान लिया अपने श्री राम को । हनुमान ने अपनी श्रद्धा और भक्ति दिखाकर प्रसन्न कर दिया । नारदजी शर्मिंदा हो गए और उनका अहंकार समाप्त हो गया ।

प्रश्न 95. कालियामर्दन का क्या महत्व है ?

उत्तर. वृन्दावन में कालिया नाग के आतंक से सभी डरे हुए थे । इसके आतंक से कई गायों की डसने के कारण मृत्यु हो गई । श्रीकृष्णजी इसे सहन नहीं कर सकें । कृष्ण उसी तालाब में कूद गए, उस समय राधा ने देख लिया । राधा जोरसे रोने लगी । कृष्णजी ने कालियानाग को तालाब से बाहर निकाला,

इतने में बाकी नाग भी बाहर आ गए । ग्वाले घबरा गए और रोने लगे । कृष्ण ने नागों के साथ बहुत संघर्ष किया । सारे गांव वाले और यशोदा माँ रोने लगी । यह देखकर राधा मूर्छित हो गयी ।कृष्ण की लीला देखने वाली थी, बिना डर के नागों के फनों पर नृत्य कर रहे थे । यह दृश्य देख कर देवता भी प्रसन्न हो रहे थे । उनको मारकर सभी लोगो को नागों के आतंक से मुक्त किया ।

प्रश्न 96. श्रीकृष्ण भगवान के कितने नाम है ?
उत्तर.   श्रीकृष्ण जी के १०८ नाम है ....

१. अचला ....भगवान

२. अच्युअत ..अचूक प्रभु जिसने कभी भूल न की हो ।

३. अद्भुतह ...अद्भुत प्रभु ।

४.आदिदेव ....देवताओं के स्वामी ।

५.आदित्य ...देवी अदिति के पुत्र ।

६.अजन्मा ....जिनकी शक्ति असीम और अनंत हो ।

७ .अजया .....जीवन और मृत्यु के विजेता ।

८. अक्षरा ......अविनाशी

९. अमृता ....अमृत जैसे स्वरुप वाला ।

१०. अनदिहिः...सर्वप्रथम है जो ।

११. आनन्दसागर ..कृपा करनेवाला ।

१२. अनंता ....अंतहीन ।

१३. अनंतजीत ......हमेशा विजयी होने वाला ।

१४. अन्यः............जिसका कोई स्वामी न हो ।

१५ अनिष्ठा ....जिनका अवरोधन किया जा सके ।

१६. अपराजित .....जिसे हराया न जा सके ।

१७. अव्यक्तः.......मनाभ की तरह स्पष्ट ।

१८. बालगोपाल .....बालरूप ।

१९. बलि ....सर्वशक्तिमान ।

२०. चतुर्भुज ....चार भुजाओं वाला ।

२१. दानवेन्द्रो ....वरदान देने वाले ।

२२ .दयालु ....करुणा के भंडार ।

२३. दयानिधि ....सब पर दया करने वाले ।

२४. देवाधिदेव ....देवों के देव ।

२५ देवकीनंदन ....देवकी के लाल ।

२६. देवेश ....ईश्वरों के भी ईश्वर ।

२७. धर्माध्यक्ष ...धर्मों के स्वामी ।

२८. द्वारकाधीश ...द्वारका के अधिपति ।

२८. गोपाला ....ग्वालों के साथ खेलने वाले ।

३०.गोपालप्रिया .....ग्वालों के प्रिये ।

३१. गोविंदा ....गाये,प्रकृति और भूमि को चाहनेवाले ।

 ३२. ज्ञानेश्वर ,,,,,,,,,,ज्ञान के भगवान ।

३३. हरि ....प्रकृति के देवता ।

३४. हिरण्यगर्भा .....सबसे शक्तिशाली प्रजापति ।

३५. ऋषिकेश ....सभी इन्द्रियों के दाता ।

३६. जगद्गुरु ....ब्रह्माण्ड के गुरु ।

३७. जगदीशा ....सभी के रक्षक।

३८. जगन्नाथ ....ब्रह्माण्ड के ईश्वर ।

३८. जनार्धना.........सभी को वरदान देने वाले ।

४०. जयंतेह.............सभी दुश्मनों को पराजित करने वाले ।

४१. ज्योतिरादित्यः ......जिसमे सूर्ये की चमक है ।

४२. कमलनाथ ....देवी लक्ष्मी के प्रभु ।

४३.कमलनयन ....कमल के समान नेत्रों वाले ।

४४. कामसान्तक.......कंस का वध करने वाले ।

४५ . कंजलोचन ....कमल के समान नेत्रों वाले ।

४६. केशव ....लम्बे,काळा और घुंघराले बालो वाले ।

४७. कृष्ण ....सांवले रंग वाले ।

४८. लक्ष्मीकांत ....देवी लक्ष्मी के देवता ।

४६.लोकाध्यक्ष ....तीनो लोको के स्वामी ।

५०. मदन .... प्रेम के प्रतीक ।

५१. माधव ....ज्ञान के भंडार ।

५२.मधुसूदन ....मधु–दानवों के वध करने वाले ।

५३.महेंद्र ....इंद्र के स्वामी ।

५४. मनमोहन ....सब के मन मोहनेवाले ।

५५. मनोहर ....बहुत ही सूंदर रंग रूपवाले ।

५६. मयूर ....मुकुट पर मोर धारण करने वाले ।

५७. मोहन ....सभी को आकर्षित करने वाले ।

५८. मुरली ....बांसुरी बजानेवाला ।

५६. मुरलीधर ....मुरली धारण करनेवाला ।

६०. मुरलीमनोहर ..मुरली बजाकर मोहनेवाला ।

६१.नंदगोपाल ....नन्द बाबा के पुत्र ।

६२. नारायण ....सबको शरण में लेनेवाले ।

६३. निरंजन ....सर्वोत्तम ।

64.निर्गुण ....जिमे कोई अवगुण नहीं ।

६५. प्रद्महस्ता ... .जिनके कमल की तरह हाथ है ।

६६. पद्मनाभ ....जिनकी कमल के आकर की नाभि हो ।

६७. परब्रमण...........परमसत्य ।

६८ .परमात्मा ....सभी प्राणियों के प्रभु ।

६६. परमपुरुष ....श्रेष्ठ व्यक्तित्व वाले ।

७०.पार्थसारथी ....अर्जुन के सारथी ।

७१. प्रजापति ....सब प्राणियों के नाथ ।

७२. पुण्य :............निर्मल व्यक्तित्व ।

७३. पुरुषोत्तम ....उत्तम पुरुष ।

७४. रविलोचन ....सूर्य जिनका नेत्र है ।

७५. सहस्त्राकाश .....हजार आंख वाले प्रभु ।

७६. सहस्त्रजीत .... हजारों को जीतने वाले ।

७७. सहस्रपातः...........जिनके हजारों पैर हो ।

७८. साक्षी ....समस्त देवों के गवाह ।

७६. सनातन ....जिनका कभी अंत न हो ।

८०. सर्वजन ....सबकुछ जानने वाले ।

८१. सर्वपालक ....सभीका पालन करने वाले ।
८२. सर्वेश्वर ....समस्त देवों से ऊँचे ।
८३. सत्यवचन ....सत्य कहनेवाले ।
८४. सत्यवत ....श्रेष्ठ व्यक्तित्व वाले देव ।
८५. शंतः ....शांत भाव वाले ।
८६. श्रेष्ठ ....महान ।
८७. श्रीकांत ....अद्भुत सौन्दर्य के स्वामी ।
८८. श्याम ....जिसका रंग सांवला हो ।
८९. श्यामसुन्दर.......... सांवले रंग में भी सूंदर दिखने वाला ।
९०. सुदर्शन ....रूपवान ।
९१. सुमेध ....सर्वज्ञानी ।
९२. सुरेशं ....सभी जीवजन्तुओ के देव ।
९३. स्वर्गपति ....स्वर्ग के राजा   ।
९४. त्रिविकर्मा ....तीनों लोको के विजयेता ।
९५. उपेंद्र ....इंद्र के भाई ।
९६. वैकुण्ठनाथ ....स्वर्ग में रहनेवाले ।
९७. वर्धमानह...........जिसका कोई आकर न हो ।
९८. वासुदेव ....सभी जगह विद्यमान रहनेवाले ।
९९. विष्णु ....भगवान विष्णु के सवरूप ।
१००.विशदकिश्नहः .....निपुण और कुशल ।
१०१. विश्वकर्मा ....ब्रह्माण्ड के निर्माता ।
१०२. विश्वमूर्ति ....पुरे ब्रह्माण्ड के रूप ।
१०३. विशवरूपा .....ब्रह्माण्ड हित के लिए रूप धारण करनेवाले ।
१०४. विश्वात्मा ....ब्रह्माण्ड की आत्मा ।
१०५. वृषपर्व............ धर्म के भगवान ।
१०६ .यदवेन्द्रा ....यादव वंश के मुखिया ।
१०७. योगि ....प्रमुख गुरु ।
१०८. योगिनाम्पति ....योगियों के स्वामी ।

प्रश्न 97.श्री कृष्णजी कितनी कलाओं के ज्ञाता थे और कौन –कौन सी ?

उत्तर श्रीकृष्ण को १६ कलाओं का ज्ञान था कृष्ण जी को इसलिए पूर्ण अवतार माना गया है

जो इस प्रकार है :–

१.धनसम्पदा–धन आदि से पूर्ण

२.अचल सम्पति–बड़े भूभाग पर अधिकार

३.कीर्ति– यश, प्रसिद्धि

४.ईला–मोहकवाणी

५.लीला –आनंद उत्सव (लीलाओं द्वारा आकर्षित)

६.कान्ति–सोंद्रय तथा आभा

७.विद्या –मेघाबुद्धि

८.विमला –पारदर्शिता

९.उत्कर्षिणी –प्रेरणा और नियोजन

  (अर्जुन को युद्ध के लिए तैयार करना)

१०.ज्ञान– नीर,शीर, विवेक

  (महाभारत टालने के लिए दुर्योधन से पांच गांव मांगना)

११.क्रिया–कर्मण्यता

  (कर्म की प्रेरणा उसकेलिये अर्जुन का सारथी बनाना)

१२.योग–मन को केंद्रित करना

१३. प्रहवि–विनय, कर्ता का अहंकार न होना जैसे सुदामा की सहायता

१४.सत्य– धर्म के लिए कटु सत्य भी कह देना

१५. इस्ना– आवश्यकता के समय अपने प्रभाव का एहसास

१६.अनुग्रह– उपकार (भक्तों पर उपकार करना)

प्रश्न 98. श्रीकृष्णजी के टेढ़ेपन का क्या कारण है ?
उत्तर. कृष्णजी जब भी बांसुरी बजाते है टेढ़े खड़े होते है क्योकि बांसुरी हमेशा सीधी तरफ होती है, उसका संतुलन बनाने के लिए कृष्णजी हमेशा अपने दाये पैर पर खड़े होते है ।

प्रश्न 99 .श्रीकृष्ण की बांसुरी द्रोपदी को किस ने दी ?
उत्तर. श्रीकृष्ण की बांसुरी द्रोपदी को सुभद्रा ने दी ।

प्रश्न.100. श्रीकृष्ण का कुंती के साथ क्या सम्बन्ध था ?
उत्तर. कुंती वासुदेव जो कृष्ण के पिता थे ,उनकी बहिन थी । इस प्रकार कुंती कृष्ण की भुआ थी ।

प्रश्न.101. कुंती के कितने बच्चें थे ?
उत्तर. कुंती के ६ बच्चे थे ....
    1.सूर्य पुत्र कर्ण
    २ युधिष्ठिर
    ३. भीम
    ४.अर्जुन
    ५. नकुल
    ६. सहदेव
कुंती का जन्म के समय पृथा नाम था ।

प्रश्न 102.श्रीकृष्ण मोरपंख क्यों धारण करते थे ?
उत्तर. श्रीकृष्ण मोरपंख इसलिए धारण करते थे क्योकि मोर एकमात्र पक्षी है जो ब्रह्मचारी माना जाता है । यह पवित्र माना जाता है । जब यह मग्न होकर नाचता है तो उसके मुख से पैरों को देख कर कुछ बुँदे गिरती है जिसे मोरिनि जब उसे ग्रहण करती है तो गर्भ धारण करती है । कहा जाता है कि जब राधा–कृष्ण नृत्य करते थे तो मोर भी नाचने लगते थे । एक बार नाचते हुए मोर का पंख पृथ्वी पर गिर गया । कृष्ण ने उसे उठाया और सर पर सजा लिया । राधा ने कहा...ये क्या तो कृष्ण ने कहा कि इन मोरों के नाचने में उन को राधा का प्रेम दिखाई देता है । इसके अतिरिक्त मोर के शरीर में सभी रंग पाए जाते है । इसके पंख हल्के और सूंदर होते है । कृष्णजी सन्देश देते है कि सभी रंगो में प्रसन्नता रखो और अपनी उलझनों को मोरपंख की तरह हल्का समझो । अपने आप समय के साथ तथा धैर्य और विवेक से सुलझ जायेंगी ।

प्रश्न 103. श्रीकृष्ण को माखनचोर क्यों कहा गया ?

उत्तर.कृष्ण को माखनचोर कहा गया क्योंकि नंदबाबा के घर बहुत गायें थी और यशोदा के यहाँ दूध, दही, माखन आदि की कोई कमी नहीं थी परन्तु गांव की गोपिया कृष्ण को देखने की इच्छा से जानबूझकर यशोदा को शिकायत करने आती थी क्योंकि कृष्ण उनको तंग करता था । गोपियों की मटकिया फोड़ता था तथा ग्वालों के संग मिलकर माखन चुराता था । स्वयं भी खाता तथा ग्वालों को भी खिलाता था । पता चलने पर भी नहीं मानता था । चाहे कोई कितनी सावधानी से रखे, गोपियों के सभी प्रयास असफल हो जाते थे । इसलिए सबने कृष्ण का नाम माखनचोर रख दिया । इसकी शरारतों से गोपियाँ प्रसन्न भी होती थी । न दिखाई देने पर व्याकुल हो जाती थी । यशोदा के पूछने पर हमेशा कहता था मैया मोरी मै नहीं माखन खायो ।।

प्रश्न 104. इंद्र ने क्रोधित होकर ब्रजवासियों को डुबाना चाहा, उस समय कृष्णजी ने उनकी रक्षा कैसे की ?

उत्तर. इंद्रदेवता ब्रज के किसानों के लिए समय के अनुसार वर्षा करते थे । गरीब किसान इसके बदले विभिन्न प्रकार के भोज उनको खिलाते थे । जब कृष्ण को इस बात का पता चला तो उन्होंने गरीब किसानों को समझाया की आप लोग अपने लिए भी सोचो तभी आप लोगो का उद्धार होगा । इंद्रदेवता को जब इस बात का पता चला तो क्रोधित होकर खूब बरसात कर दी जिसपर किसानों को कृष्ण से मदद मांगनी पड़ी । कृष्ण ने सब ब्रजवासियों को गोवेर्धन पर्वत के नीचे इकठ्ठा किया और अपनी छोटी ऊँगली से पर्वत उठाकर खड़े रहे । सात दिन तक इंद्रदेवता वर्षा करते रहे परन्तु कृष्णजी ने सभी ब्रजवासियों को बचा लिया । अंत में इंद्र को हार माननी पड़ी ।

प्रश्न 105.श्रीकृष्ण ने कब तक गौएँ चराई ?
उत्तर. कृष्णजी सभी गाय और बछड़ों के रक्षक थे । इनकी बंसी की आवाज से सभी गायें इकठ्ठी हो जाती थी । बचपन में जब तक गोकुल में रहे कृष्णजी गोरक्षक रहे । ग्वालों के साथ मिलकर खूब शरारतें करते थे ।

प्रश्न 106. कृष्णजी को मारने के लिए कंस ने किस राक्षसी को भेजा ?
उत्तर. कंस ने पूतना राक्षसी को सूंदर नारी के रूप में गोकुल में भेजा ।

प्रश्न 107. श्री कृष्ण की कितनी पत्नियां थी ?
उत्तर. श्रीकृष्ण की १६१०८ पत्नियां थी । जिनमे से १६१०० वे थी जिनको बंधी होने के कारण कोई उनको अपनाने को तैयार न था तो श्री कृष्ण ने उनको आश्रय देकर अपना नाम दिया ।

प्रश्न 108. श्री कृष्ण का १६१०० रानियों से क्या सम्बन्ध था ?
उत्तर. पुराणों के अनुसार कहा जाता है कि एक मानसिक रोगी ने अमरता पाने के लिए १६१००कन्यायो को बलि देने के लिए कैद किया हुआ था । श्रीकृष्ण ने कारागर से मुक्त कराया परन्तु उनके परिवार वालों ने चरित्र दोष लगाते हुए उन्हें अपनाने से इंकार कर दिया ।इस अवस्था में कृष्णजी ने १६१०० रूपों में प्रगट होकर एक साथ उनसे विवाह रचाया । इसके अतिरिक्त कृष्ण ने आठ प्रेम विवाह किए ।आनंद की बात है कृष्णजी ने उन सभी को आदरसहित रखा । अपनी लीला से वह इतने ही रूप रखकर अपनी १६१०८रानियो के साथ रहते थे । अपने ग्रहस्थ जीवन के हर धर्म का समुचित पालन किया ।

प्रश्न 109. श्री कृष्ण ने युद्ध का सामना करने के लिए क्या सीखा ?

उत्तर. रणभूमि के लिए कृष्णजी ने सब से पहले युद्ध में जीत के लिए अपने को तैयार किया । वह थी मार्शल–आर्ट जिसे उन्होंने युद्ध में प्रयोग भी किया ।

प्रश्न 110.कृष्णजी को गोबिंद क्यों कहते है?

उत्तर. कृष्णजी का नाम गोबिंद इसलिए पड़ा कि गोवेर्धन लीला के समय जब इंद्र देव वर्षा और विनाश का तांडव करते थक गये परन्तु कृष्ण ने बृजवासियों की पूर्णरूप से गोवेर्धन पर्वत उठाकर रक्षा की वो भी नन्ही ऊँगली पर, तो इंद्रदेव को लज्जित होना पड़ा । इतने में गोमाता सुरभि वहां प्रगट हुई और इंद्र का अभिमान को चकनाचूर कर दिया । कृष्ण जिन्हो ने गोवंश की ही नहीं, सभी प्राणियों की रक्षा की है । सुरभि नाम की गौमाता प्रसन्न होकर कृष्ण को चरणों में प्रणाम करने गयी । कृष्णजी को जाकर बोली कि मैं आज प्रसन्न होकर आपको गोबिंद नाम देना चाहती हूँ ,कृपा करके स्वीकार करो ।

कृष्णजी प्रसन्नता से झूम उठे और बोले, यह नाम तो मुझे सब से प्रिय लगा है । श्रीकृष्ण ने गोमाता सुरभि को वचन दिया कि जो भक्त मुझे इस नाम से पुकारेगा मैं उसके सभी दुखों को हर लूगाँ । इस प्रकार से ठाकुर जी का नाम गोबिंद पड़ा ।

कृष्ण गोबिंद गोपाल गाते चलो ।
मन के विषयो को हरदम मिटाते चलो ।
काम करते चलो, नाम जपते चलो ।
हर समय कृष्ण का ध्यान धरते चलो ।

प्रश्न 111. कृष्णाजी का मथुरा के बाद नया निवास स्थान कहाँ था ?
उत्तर. कृष्णजी का मथुरा के बाद नया निवास स्थान द्वारका था । कृष्ण जी २६ वर्ष की आयु में द्वारका गये । द्वारका में १२५ वर्ष तक रहे ।

प्रश्न 112. बलराम अपनी बहिन सुभद्रा की शादी किससे करवाना चाहते थे ?
उत्तर.बलराम अपनी बहिन सुभद्रा की शादी दुर्योधन से करवाना चाहते थे ।

प्रश्न 113 श्रीकृष्ण ने द्रोपदी के चीरहरण के समय कैसे रक्षा की ?
उत्तर. जब युधिष्ठर सब कुछ जुए में हार गया तो उसने द्रोपदी को भी जुए में लगा दिया । दुर्योधन ने हीन भावना होने के कारण उसपर अपना अधिकार बना लिया । दुःशासन जब भरी सभा में द्रोपदी का चीर हरण करने का प्रयास करने लगा तो उसकी सहायता के लिए कोई आगे नहीं आया । तब द्रोपदी ने हे कृष्ण—हे वसुदेव कहकर पुकारा । इस ध्वनि से प्रभावित होकर दुशासन का साहस नम पड़ गया उस समय कृष्णजी द्वारका में थे । उनको कुछ भी पता नहीं था । श्री कृष्ण का कहना है कि ईश्वर कृपा का चमत्कार तभी होता है जब पुकारने वाले के अंदर पूर्णतया आस्था हो । द्रोपदी का कृष्ण पर विश्वास दृढ़ था । द्रोपदी ने कृष्ण को घट —घट वासी कहकर हृदय से पुकारा । कृष्ण को एहसास हुआ कि द्रोपदी मुश्किल में है, उन्होंने साड़ी को बड़ा कर द्रोपदी की रक्षा की ।

प्रश्न 114. द्रोपदी की चीर हरण रक्षा में ऋषि दुर्वासा का क्या स्थान है ?
उत्तर. दुर्वासा ऋषि शिव का अवतार माने जाते है । कहा जाता है कि एक बार दुर्वासा ऋषि नदी में नहा नहा रहे थे कि अचानक तेज बहाव और अनियंत्रित लहरों के आने से उनके वस्त्र नदी में बह गये । उसी नदी के किनारे पर द्रोपदी भी थी । उसने दुर्वासा ऋषि को परेशान देखकर अपनी साड़ी से एक तरफ से कपड़ा फाड़ा और दुर्वासा मुनि को दे दिया जिस से वह नदी से बाहर आ सके । उन्होंने द्रोपदी को धन्यवाद दिया और वरदान दिया कि तुमने जैसे मुझे आज निर्वस्त्र होने से बचाया है, इसी प्रकार जब भी आवश्यक्ता पड़ेगी सदैव मैं तुम्हारी रक्षा करूँगा । कहा जाता है कि इसलिए द्रोपदी की साड़ी बढ़ती चली गयी ।

प्रश्न 115. द्रोपदी चीरहरण के समय श्री कृष्ण किस के कहने पर आये ?
उत्तर. जब कृष्ण जी को द्रोपदी ने विभिन्न नामों से पुकारा तो वह नहीं आये । जब द्रोपदी ने कहा ...कृष्ण–कृष्ण, चक्रधारी, घट –घट वासी, अपनी द्रोपदी की लाज बचायो और दूसरा दुर्वासा ऋषि के वरदान से कृष्ण ने आने में जरा भी देरी नहीं की ।

प्रश्न ९16. हमारे देश का नाम भारत क्यों पड़ा ?
उत्तर.भरत वही राजा है जिनके नाम पर हमारे देश का नाम भारत पड़ा।

प्रश्न ९17. वृन्दावन मथुरा से कितनी दूर है ?
 उत्तर. वृन्दावन मथुरा से ९९ किलोमीटर दूर है ।

प्रश्न ९18. श्रीकृष्ण युद्ध के समय केवल मूंगफली क्यों खाते थे ? इसका क्या रहस्य है ?
उत्तर. कहा जाता है कि जब महाभारत युद्ध की घोषणा हुई तथा कौरवों और पांडवों की ओर से राजे–महाराजे युद्ध में शामिल होने आये । एक राजा ऐसे थे जो किसी भी पक्ष में नहीं थे, वो थे उडूपी के राजा जिसने कृष्ण के कहने पर भोजन का प्रबंध करना था । राजा के सामने चुनौती यह थी कि प्रतिदिन कितने लोगों का भोजन बने । कारण कि जिस से अन्न भी व्यर्थ न जाए और कम भी न हो । यह चिंता राजा ने कृष्ण के आगे रखी तो कृष्ण ने कहा कि मैं हर दिन उबली हुई मूंगफली का सेवन करूँगा । जितने दाने मै खाऊंगा तो समझ लेना कि उस दिन उतने हजार सैनिक मारे जाँयगे । इस तरह श्री कृष्ण ने उडूपी के राजा के सामने एक बड़ा रहस्य खोल दिया । इस से प्रतिदिन सैनिकों को पूरा भोजन मिल जाता था और अन्न का अपमान भी नहीं होता था ।

प्रश्न 119. श्रीकृष्ण ने निति–नियमों का व्यवस्थीकरण कब किया ?
उत्तर. कृष्णजी ने निति –नियमों का व्यवस्थीकरण ३९१२ ईसा पूर्व किया जिस में धर्म, राजनीती, समाज और निति–नियमों का पूर्ण रूप से सुव्यवस्थित कर दिया ताकि सभी का कार्य उचित रूप से हो सके ।

प्रश्न 120. महाभारत के युद्ध में कृष्ण किसके सारथी बने ?
उत्तर. महाभारत के युद्ध में कृष्ण अर्जुन के सारथी बने ।

प्रश्न 121. युद्ध के दौरान श्री कृष्ण जी का कौनसा सन्देश था ?

उत्तर. युद्ध के दौरान कृष्णजी का सन्देश–

न कोई मरता है, न कोई मारता है ।

सभी प्राणी जन्म से पहले बिना शरीर के थे,

मरने के उपरांत भी बिना शरीर के हो जायेगें ।।

" फर शोक क्यों " ?

प्रश्न 122.श्री कृष्ण ने पांडवों को जुआ खेलने से क्यों नहीं रोका ?

उत्तर. श्री कृष्ण ने जुआ खेलने से इसलिए नहीं रोका क्योकि यह प्रश्न उद्धव ने भी कृष्ण से किया तो कृष्ण ने कहा यदि शकुनि मामा और मैं खेलते तो पासे के अंक सत्य पर आधारित होते । पांडवों ने मुझे खेल में ही शामिल नहीं किया । इसके अतिरिक्त बड़ी गलती यह की कि मैं तब तक कक्ष में न प्रवेश करूँ जब तक मुझे बुलाया न जाए । इसका कारण यही था कि   वह अपने दुर्भाग्य का खेल मुझसे छिपकर खेलना चाहते थे । मैं कक्ष के बाहर इंतजार कर रहा था । सभी पाण्डु पुत्र मुझे भूल गए, केवल भाग्य और दुर्योधन को कोसते रहे । द्रोपदी अपनी सामर्थ्य के अनुसार जूझती रही । जब मैंने उसकी पुकार सुनी तो मैंने देरी नहीं की । कृष्ण ने कहा हरएक का जीवन उसके स्वयं के कर्मफल के आधार पर चलता है । मै केवल एक साक्षी हूँ । यदि मनुष्य यह समझ ले कि मै प्रत्येक के साथ साक्षी रूप में उपस्थित हूँ तो वह ऐसे खेल, खेल ही नहीं सकता । गड़बड़ी तब होती है जब हम प्रभु को भूलकर दुनियादारी में डूब जाते हैं । अर्जुन के लिए बने सारथी श्री कृष्ण उसके मार्गदर्शक थे । जब वह युद्ध करने को नहीं माना तो गीता ज्ञान द्वारा अर्जुन को युद्ध के लिए तैयार किया । अर्जुन तब 'ईश्वर चेतना' में विलय हो गया । युधिष्ठिर को कृष्ण के बिना कौरवों   की बात मानने का परिणाम भुगतना पड़ा ।

प्रश्न.123. विदुर कौन थे ?
उत्तर. विदुर दासी के पुत्र थे और राजा धृतराष्ट्र के महामंत्री थे ।

प्रश्न 124.कृष्णजी के साथ विदुर का क्या सम्बन्ध था ?
उत्तर. विदुर कृष्णजी के भक्त थे व् महा ज्ञानी थे ।

प्रश्न 125. युद्ध होने से पूर्व कृष्णजी दुर्योधन को समझाने गए तो, उनके घर क्या स्थिति हुई ?

उत्तर. कृष्णजी के लिए सभा स्थल और भोजन आदि के लिए पूर्ण रूप से दुर्योधन ने प्रबंध किया परन्तु वह विदुर के घर रुके। इसका कारण यह था कि धृतराष्ट्र की सभा में सभी कौरव, तथा मनीषी विदुर महामंत्री भी थे जिसमे कृष्णजी ने दुर्योधन को समझाया। युद्ध न करके आधा –आधा दोनों कौरव और पांडव, आपस में बाँट लो परन्तु दुर्योधन नहीं माना। इसके बाद कृष्ण ने कहा पांडवों को केवल ५ गांव दे दो, फिर भी दुर्योधन नहीं माना। विदुर ने भी समझाया परन्तु वह तो युद्ध करने को आतुर था। जब उसने देखा अपने ही सैनिको को कृष्ण का साथ देते हुए तो उन सब को जेल में डाल दिया।

प्रश्न 126 . श्री कृष्णजी विदुर को युद्ध में क्यों नहीं आने देना चाहते थे ?

उत्तर. श्री कृष्णजी भगवान १६ कलाओं का ज्ञान होते हुए जानते थे कि विदुर अर्जुन से अधिक पराक्रमी है तथा इस के पास ज्यादा शक्तिशाली हथियार है जिस से पांडव हार भी सकते हैं। इसलिए उन्होंने चतुरता से युद्ध से वंचित कर दिया।

प्रश्न 127. कृष्णजी के समझाने का क्या परिणाम निकला ?

उत्तर. दुर्योधन ने विदुर का बहुत अपमान किया। धृतराष्ट्र भी किसी तरीके से युद्ध टालने को तैयार नहीं हुए। विदुर ने कहा यदि दुर्योधन उसपर विश्वास ही नहीं करता तो मेरे ज्ञान का क्या लाभ। उसने भरी सभा में अपना हथियार तोड़ दिया।

प्रश्न.128. विदुर ने अपना शक्तिशाली हथियार तोड़ने के बाद कृष्णजी से क्या कहा ?

उत्तर. कृष्णजी के सामने विदुर ने अपना शीश झुकाया और कहा कि धृतराष्ट्र का महामंत्री होते हुए मै युद्ध नहीं रोक पाया।

अपने को इसलिए आज आप का भक्त होते हुए और प्रभु आप का स्वरूप जानते हुए युद्ध में भाग नहीं ले सकता ।

प्रश्न 129. श्री कृष्णजी ने विदुर के युद्ध में शामिल न होने पर क्या दर्शाया ?
उत्तर.कृष्णजी विदुर की प्रतिभा और कार्यकुशलता से बहुत प्रभावित हुए ।

प्रश्न 130.विदुर जो गुणों से भरपूर थे तीन नीतियों के बारे में बताया ?
उत्तर. १.धोखे से धन हड़पना भविष्य में पतन का कारण बन जाता है ।
२.अनैतिक सम्बन्ध से मनुष्य पाप का भागी बनता है और विनाश की ओर ले जाता है ।
३. मित्र का साथ छोड़ना विशेषतौर पर कठिनाई के समय बुरा कर्म ही है । जीवन को मजबूती के साथ जीना है तो मित्रों को कभी धोखा नहीं दो ।

प्रश्न.131. श्री कृष्ण ने महाभारत के लिए अर्जुन को क्यों तैयार किया ?
उत्तर. कृष्ण लम्बे समय से महायुद्ध को टालने की कोशिश कर रहे थे परन्तु हालात ऐसे हो गए की युद्ध को टाला नहीं जा सकता था। इसलिए कृष्णजी ने अर्जुन को क्षत्रिए का कर्तव्य समझाना उचित समझा । इस समय आम लोगो की रक्षा की जरूरत थी और उनके पास हथियार भी नहीं होते थे । ऐसे समय में कृष्ण ने समाज की रक्षा हेतु अर्जुन को यूद्ध के लिए तैयार किया । कृष्ण ने कहा कि 'अगर आप अभी कुछ नहीं करोगे तो अकर्मण्यता नुकसानदायक सिद्ध होगी ।'

प्रश्न 132. श्री कृष्णजी महाभारत के युद्ध में अर्जुन के सारथी किन शर्तों पर बने ?

उत्तर. श्री कृष्ण ने अर्जुन से शर्त रखी कि यदि मै तुम्हारा सारथी बनूगां तो युद्ध में मै कोई हथियार नहीं उठाऊंगा क्योकि सारथी कोई शस्त्र नहीं चलाता ।

प्रश्न 133. युद्ध के दौरान कर्ण को किसने मारा और कैसे ?

उत्तर. युद्ध के दौरान कर्ण के रथ का पहिया दलदल में फंस गया । कर्ण उसे निकालने के लिए अपने रथ से उतरा । एक दिन पहले ही कौरवों ने अर्जुन के पुत्र को मारा था । इस अवसर को देखते ही अर्जुन ने मोके का लाभ उठाया और कर्ण पर घात कर दिया, उस समय तक कर्ण अपना रक्षा कवच भी दान कर चूका था । इसलिए कर्ण अर्जुन के हाथों मारा गया ।

प्रश्न 134. कर्ण का संस्कार किसने किया ?

उत्तर. जब कर्ण मृत्यु शय्या पर थे तो कृष्ण से अपनी अंतिम इच्छा बताई कि मेरा अंतिम संस्कार वहां हो जहाँ कोई पाप न हुआ हो । कृष्ण सोच में पड़ गए कि ऐसा पृथ्वी पर कोई स्थान ही नहीं जहां कोई पाप न हुआ हो । श्रीकृष्ण ने स्वयं कर्ण का संस्कार अपने ही हाथों पर किया । इस प्रकार दानवीर कर्ण अपनी मृत्यु के पश्चात् बैकुंठ धाम को गए ।

प्रश्न 135. श्री कृष्ण कर्ण को क्या समझते थे ? कर्ण की कृष्ण ने कैसे परीक्षा ली जब वह मृत्यु शैया पर थे ?

उत्तर. श्री कृष्ण कर्ण के सिद्धांतों और नैतिक मूल्यों के कारण उसे वीर योद्धा कहते थे । कर्ण के प्रति आदरभाव था । श्रीकृष्ण ने अर्जुन के प्राण बचाने के लिए इंद्र के साथ मिलकर छल से कर्ण का कवच और कुण्डल ले लिए थे जिस परीक्षा में कर्ण सफल हुए । श्रीकृष्ण ने इस बात से प्रभावित होकर कर्ण को वरदान भी दिया । जब कर्ण मृत्यु शय्या पर थे तो कृष्ण से कहा

कि अब तो मेरे पास कुछ भी देने को नहीं हैं तो कृष्ण ने कहा आप अभी भी अपना सोने का दन्त दे सकते हो ।

प्रश्न136. जब कृष्ण ने कर्ण से सोने का दांत माँगा तो क्या हुआ ?
उत्तर. श्री कृष्ण के कहने पर कर्ण ने अपने समीप पड़े पत्थर को उठाया और उस से अपना दांत तोड़कर कृष्ण को दे दिया जिस से कृष्ण बहुत प्रभावित हुए ।

प्रश्न 937. श्रीकृष्ण से कर्ण ने क्या वरदान माँगा ?
उत्तर. कर्ण ने कृष्ण से वरदान में माँगा :–

१.अगली बार जब आप धरती पर आये तो पिछड़े वर्ग के लोगो के जीवन को सुधारने का प्रयत्न करें ।

२.आप अगले जन्म में उन्ही के राज्य में जन्म ले ।

३. मेरा अंतिम संस्कार वहां हो जहाँ कोई पाप न हुआ हो, इसलिए कर्ण महारथी का अंतिम संस्कार भगवान कृष्ण की हथेली पर हुआ ।

प्रश्न 138.श्री कृष्ण ने महाभारत के बाद कितने वर्ष राज्य किया ?
उत्तर. श्रीकृष्ण ने महाभारत के बाद ३६ वर्ष राज्य किया ।

प्रश्न 139. कलयुग का आरम्भ कब हुआ ?
उत्तर. जब श्रीकृष्ण ने युद्ध का मैदान छोड़ा, उसके बाद ही कलियुग का आरम्भ हो गया । आज २०१६ में कलयुग का ५१०६ वा वर्ष है ।

प्रश्न 140. श्रीकृष्ण को सुदर्शन चक्र किस ने दिया ?
उत्तर. श्री कृष्ण के पास यह देवी की कृपा से आया । भगवान कृष्ण को परशुराम ने सुदर्शन चक्र स्वयं की रक्षा के लिए दिया था ।

प्रश्न 141. सुदर्शन चक्र पहले किस के पास था ?
उत्तर. सुदर्शन चक्र पहले शिवजी के पास था । इस से त्रिपुरासुर की लीला समाप्त हुई । इसके पश्चात् विष्णु के पास था, विष्णु के बाद अग्नि के पास था । अग्नि से वरुण के पास आया ।इसके पश्चात् यह परशुराम ने पूर्ण रूप से आचमन करके श्रीकृष्ण को उपहार में दिया और कहा..... इसका प्रयोग पूर्ण सावधानी से करना क्योकि इस को केवल आप ही उचित रूप से प्रयोग कर सकते हो ।

प्रश्न 142. कृष्णजी ने अर्जुन को महाभारत के यूद्ध में क्या सन्देश दिया ?
उत्तर. श्रीकृष्ण ने अर्जुन से कहा ...कभी क्रोध में कोई फैंसला नहीं करना चाहिए । जो लोग अपने मन पर नियंत्रण नहीं रखते उनका मन शत्रु के समान कार्य करता है । अन्यथा सारी समयस्याओ का सामना करना पड़ सकता है । काम में अनुशासित रहना, स्वयं पर विश्वास करना, हर काम के लिए

अभ्यास करना ,किसी प्रकार की अधिकता न होना तथा जीवन में हर चीज का संतुलन होना अनिवार्य है ।

प्रश्न 143. जामवंत का श्री कृष्ण से क्या सम्बन्ध है ?
उत्तर. जामवंत का कृष्ण जी से गहरा सम्बन्ध है । कृष्णजी पर मणि चोरी का इल्जाम था जो जामवंत के पास थी । जब कृष्ण जामवंत के पास पहुंचे तो जामवंत ने कृष्ण को नहीं पहचाना और इस चकर में जामवंत ने यूद्ध कर दिया । यूद्ध २८ दिन तक चलता रहा और जब अठाईसवें दिन जामवंत को ज्ञान हुआ कि कृष्ण तो राम के ही अवतार है, तो जामवंत ने यूद्ध रोककर हार स्वीकार कर ली । जामवंत भालू जाति का था । मणि जामवंत की पुत्री के पास थी । जामवंत ने कृष्ण को हाथ जोड़ कर अपनी पुत्री की शादी का प्रस्ताव रखा । कृष्ण जी अपने स्वभाव के अनुसार शादी के प्रस्ताव को मान लिया । इस प्रकार से जामवंती की शादी कृष्ण जी से हुई । जामवंत की पुत्री से शादी कर के मणि की चोरी का रहस्य भी सामने आ गया क्योकि मणि जामवंती अपने साथ लायी थी । भगवत पुराण और हरिवंश जामवंत को भालू के राजा कहते हैं ।

प्रश्न 144. श्रीकृष्ण ने अर्जुन को यूद्ध के मैदान में कैसे आगे बढ़ने के लिए कहा ?
उत्तर. जब अर्जुन यूद्ध के मैदान में पहुंचा तो अपने ही सगे सम्बन्धियों को देखकर भावुक हो गया । बीच में ही रथ को रोककर तथा गांडीव धनुष को छोड़ कर यूद्ध करने से मना करने लगा । इस पर कृष्णजी जो इस समय अर्जुन के ही सारथी थे गीता का उपदेश दिया । कृष्ण ने कहा कि यह यूद्ध तो अधर्म को नाश करने के लिए तथा सारी प्रजा के हित के लिए है । अर्जुन ने कहा कि सामने खड़े सभी मेरे सगे सम्बन्थी तथा मेरे गुरु और पालक है, इन्हे मैं कैसे मरता देख सकता हूँ । मुझे ऐसा राज्य नहीं चाहिए । कृष्ण बोले यदि तुम यूद्ध जीतोगे तो

प्रजा के लिए अच्छा होगा और यदि हारोगे या मारे जायोगे तो अच्छे कार्य के लिए यानि अधर्म को समाप्त करते हुए तो दोनों तरफ से न्याय होगा । इन रिश्तों को अपना न समझो । यह शरीर है आत्मा नहीं । मेरे होते तुम बिलकुल चिंता नहीं करो । मैं तुम्हारे साथ हूँ । विश्वास दिलाने के लिए अपना विराट रूप दिखाया । विराट रूप देख कर अर्जुन चकित हो गये और यूद्ध के लिए तैयार हो गये ।

प्रश्न 145. पहला जीवाणु यूद्ध किसने लड़ा?
उत्तर. पहला जीवाणु विश्वयूद्ध श्री कृष्ण और शिव द्वारा लड़ा गया ।

प्रश्न 146. श्री कृष्ण ने कर्ण को क्यों मरवाया ?
उत्तर. श्रीकृष्ण कर्ण को नहीं मारना चाहते थे क्योकि कर्ण दानवीर,सुशिक्षित ,परमवीर और अच्छे व्यक्तित्व वाला था परन्तु मारने का कारण यह था कि कर्ण के अंदर आसुरी शक्तिओं का प्रवेश हो चूका था । कर्ण की विशेषतायों को देखते हुए कृष्ण स्वयम कर्ण के पास समझाने के लिए गये परन्तु कर्ण नहीं माना । दुर्योधन के मित्र होने के कारण कृष्ण की भक्ति व् कर्म को नहीं समझ पाया । कौरवों के साथ मिलकर दुर्योधन के पापों को न देखते हुए कर्ण ने दुर्योधन का ही साथ दिया ।अंत में अपनी इच्छा के विरुद्ध होकर भी धर्म की रक्षा के लिए कर्ण को मरवाना पड़ा ।

प्रश्न 147. श्री कृष्ण द्वारा कौन सी दस बातें शिक्षा के रूप में दी गई ?

उत्तर. १. वह किसी भी बँधी बँधाइ लकीर पर नहीं चले । अवसर के अनुसार अपनी भूमिका बदल दी और यहाँ तक कि अर्जुन का सारथी बनना भी समय की ही मांग थी ।

२. कृष्णजी पांडवों की हर मुश्किल में अच्छे दोस्त की तरह साथ देते रहे । दोस्ती में उन्होंने साबित कर दिया कि दोस्ती में शर्तो का कोई स्थान नहीं । दोस्त वही जो मुश्किल में काम आये ।

३. शिष्य या सखा को अपनी गलतियों और असफलतायों से भी हमेशा सीखना चाहिए ।

४. पांडवों की जीत कृष्ण के सारथी होने का उदारण है । यदि सारथी पूर्ण ज्ञानी हो तो परीक्षा कितनी भी कठिन हो विवेक द्वारा असफल नहीं होने देती ।

५. श्री कृष्णजी की सब से विशेष बात यह है कि "व्यर्थ की चिंता मत करो । यदि आप पूर्ण रूप से तैयारी करते हो डरो मत ।"

६. मानव का दूरदर्शी होना श्रीकृष्ण का सारथी के रूप में दर्शाता है ।

७. सफलता न मिलने पर हिम्मत न हारना । कारणों को जानकर आगे बढ़कर समस्या का समाधान करो । जीत अवश्य होगी ।

८. कृष्णजी विशेष प्रबंधक, अनुशासन पर रहने वाले और भविष्य की बजाय वर्तमान पर ध्यान केंद्रित करने का मन्त्र दिया ।

९. अपने मित्र सुदामा की गरीबी देखी तो उसकी मदद बिना बताय उसके घर पहुंचने से पहले झोपडी को महल बना कर, जताया तक नहीं ।

१०. कृष्णजी सबसे बड़े कूटनीतिज्ञ होने का उदारण है । सीधे रस्ते सब कुछ पाना आसान नहीं होता और तब, जब विरोधी का पलड़ा भारी हो ।

प्रश्न 148. कर्ण दानवीर हो कर और धनुर्धारी होकर किसके श्राप से युद्ध में मारा गया ?

उत्तर. अर्जुन को सभी अस्त्र–शस्त्र का ज्ञाता देखकर तथा सूतपुत्र के कारण गुरु द्रोणाचार्य से भी शिक्षा ग्रहण नहीं कर सका । ऐसे में कर्ण ने ब्राह्मण का वेश धारण किया और परशुराम जब ध्यान में थे तो प्रार्थना की, कि वह उनसे धनुर्विद्या व् शस्त्र विद्या का ज्ञान लेने चाहता है क्योकि वह केवल ब्राह्मणों को ही शस्त्र विद्या का ज्ञान देते थे । परशुराम ने ब्राह्मणपुत्र समझकर विनय स्वीकार कर ली । सभी विद्याओं का ज्ञान प्राप्तकर अन्त मे जब परशुराम के पास ही बैठे थे तो वहां उन्होंने कर्ण को देखा कि एक कीड़ा उसे बार–बार डांक मार रहा है । कर्ण ने देखा कि कीड़े के काटने से उसे बहुत पीड़ा हो रही है और रक्त भी आने लगा है तो उसने कीड़े को खोजकर धरती पर गिराया और कीड़े को पैर से मसलकर फेंक दिया । यह दृश्य परशुरामजी ने देख लिया और जान गए कि कर्ण ने धोखे से विद्या ग्रहण की है । परशुराम ने क्रोधित होकर कर्ण को श्राप दिया कि तुम इस धोखे का फल जरूर पाओगे । तुम सारे ज्ञान को लेकर भी जीत नहीं सकते, क्योकि ब्राह्मण कभी वध कर ही नहीं सकता । इस पर सारी सच्चाई कर्ण ने बता दी परन्तु परशुराम जी बोले तुम भी धोखे से ही युद्ध में मारे जाओगे । धरती पर ही कीड़े की तरह तुम्हारा रथ फस जायेगा और उसको सँभालने के चकर में तुम अस्त्र नहीं चला पाओगे और तुम्हारा वध कर दिया जाएगा । उसी श्राप द्वारा कर्ण युद्ध भूमि में मारा गया । कर्ण की वीरता अर्जुन से कम नहीं थी ।

प्रश्न 149. कर्ण और अर्जुन के बीच जब युद्ध हुआ तो क्या हुआ ?

उत्तर.युद्ध नियम और धर्म को सामने रखते हुए, वाद–विवाद करने पर भी जब कर्ण के रथ का पहिया धरती में गढ़ गया तो परशुराम के श्राप द्वारा ब्राह्मण का श्राप फलीभूत हुआ । कर्ण मारा गया ।अर्जुन ने कर्ण का सिर धड़ से अलग कर दिया ।

प्रश्न 150. कर्ण के वध पर विशेष बात क्या हुई ?
उत्तर. जब कर्ण का शरीर भूमि पर गिरा तो एक ज्योति कर्ण के शरीर से निकली और सूर्य में समा गई ।

प्रश्न 151. भीष्मपितामह के मारे जाने पर श्री कृष्ण को अर्जुन ने क्या कहा ?
उत्तर. अर्जुन ने कहा यदि इस समय भी दुर्योधन संधि कर लेता तो यहाँ सब का कल्याण हो जाता पर शकुनि अभी भी दुर्योधन को यूद्ध करने की राय देता है । अत्यधिक सेना यूद्ध में मारे जाने पर भी, विदुरजी के समझाने पर भी कौरव यूद्ध करते रहे । दुर्योधन ने पक्की ठान ली थी, पांडवों का सब कुछ हासिल करने की, जिस के कारण विनाश ही विनाश होता चला गया ।

प्रश्न 152 . द्रोणाचार्य की मृत्यु कब हुई ?
उत्तर. द्रोणाचार्य की मृत्यु यूद्ध के पांचवें दिन हुई ।

प्रश्न 153. द्रोणाचार्य की मृत्यु के पश्चात् यूद्ध सेना का कार्यभार किस ने संभाला ?
उत्तर.द्रोणाचार्य की मृत्यु के पश्चात् कर्ण दुर्योधन की सेना का सेनापति और पांडवों का सेनापति अर्जुन हुआ ।

प्रश्न 154. दुर्योधन का भीम के साथ यूद्ध कैसे हुआ ?
उत्तर. इस समय भीम द्वारा गदा के प्रहार करते हुए दुर्योधन के अन्य भाई भी मारे गए । अठारवें दिन महाबली अशवत्थामा ने पांडवों की सोइ हुई अक्षौहणी सेना को सदा के लिए सुला दिया । परन्तु पांडवों ने किसी को भी जीवित नहीं छोड़ा । दुर्योधन के शरीर, खाली जंघा वाले भाग को छोड़कर जो अपनी मां के वरदान से लोहे के समान हो चूका था वह ही शेष बचा था । जब भीम ने अपनी गदा द्वारा उसके निचले हिस्से पर प्रहार किया तो दुर्योधन धरती पर कराहता हुआ गिर गया ।

उस समय दुर्योधन ने अश्वत्थामा को बुलाकर पांचो पांडवों के सर काटकर लाने को कहा और वह कहने के अनुसार पांचो सर काटकर लाया लेकिन जब दुर्योधन ने सिरों को देखा तो खुशी के बदले शोकगृहस्त हो गया क्योकि वह सर पांडवों के नहीं अपितु पांडवों के पुत्रों के थे । इसी शोक में कराहता हुआ धरती पर ही अचेत हो गया तथा प्राण त्याग दिए ।

प्रश्न 155 .श्री कृष्ण जी को बांसुरी किस ने दी थी ?
उत्तर. द्वापर युग में जब कृष्ण का जन्म हुआ और महादेव शिवजी उनके दर्शन करने के लिए गए तो उपहार के रूप में सर्वप्रथम बांसुरी उन्होंने दी ।

प्रश्न 156. महादेव ने बांसुरी कहाँ से ली ?
उत्तर.महादेव शिवजी के पास ऋषि दधीचि के शरीर की महाशक्तिशाली हड्डी पड़ी थी, वह ही महान ऋषि थे जिन्होंने धर्म के लिए अपने शरीर के त्याग कर सारी हड्डियां दान में दे दी थी । महादेव ने इस हड्डी को घिसकर एक सूंदर व् मनोहर बांसुरी का निर्माण किया । जब वह गोकुल कृष्ण के दर्शन करने गए तो भेंट स्वरुप बांसुरी प्रदान की । उन्होंने कृष्ण को आशीर्वाद दिया तब से कृष्णजी वह बांसुरी अपने साथ रखते थे ।

प्रश्न 157. महान ऋषि ने जब हड्डियां दान में दी तो उनका अन्य प्रयोग क्या हुआ ?
उत्तर. दधीचि की हड्डियों से विश्वकर्मा ने तीन धनुष..... पिनाक, गांडीव, शारंग तथा इंद्र के लिए बज्र का निर्माण किया ।

प्रश्न 158 श्रीकृष्ण –बलराम का नामकरण संस्कार किस ने किया ?
उत्तर. श्रीकृष्ण–बलराम का नामकरण संस्कार गुप्त स्थान

पर गर्गाचार्य द्वारा हुआ ताकि कंस तक इसका सन्देश न पहुँच सके ।

प्रश्न 159. प्रथम जीवाणु यूद्ध कब हुआ ?
उत्तर. कहा जाता है कि कृष्णजी ने असम में बाणासुर और भगवान शिव से यूद्ध के समय 'महेश्वर' ज्वर के विरुद्ध वैष्णव ज्वर का प्रयोग कर विश्व का प्रथम जीवाणु यूद्ध लड़ा ।

प्रश्न160. श्री हरी के पावन मन्त्र कौन से हैं जो हर संकट को हर लेते
है ?
उत्तर.श्री हरी के संकट हरने वाले मन्त्र :

१. ॐ नमो भगवते वासुदेवाय ।

२. श्री कृष्ण गोबिंद हरे मुरारे,
   हे नाथ नारायण वासुदेवा ।

३. ॐ नारायणाय विद्यहे ।

   वासुदेवाय धीमहि ।
   तन्नो विष्णु प्रचोदयात ।

४. ॐ विष्णवे नमः ।

५. ॐ हूं विष्णवे नमः ।

६. ॐ भूरिदा भूरि देहिनो,
   मां दंभर भूर्या भर ।
   भूरि धेदिन्द्र दित्ससि ।
   ॐ भूरिदा त्यासी श्रुतः ।

   पुरुत्रा शुर वृत्रहन ।
   आनो भजस्व राधसि ।।

७. दन्ताभय चक्र दरो दध्रानं,
   करागार्ग स्वर्ण घटम त्रिनेत्रम।
   धृताब्जया लिंगीतमबाधिपुत्रया
   लक्ष्मी गणेशं कनिकाम्मिडे ।

८. ॐ नमो नरायणा श्री मन नारायण –नारायण हरि हरि ।

९. ॐ अम वासुदेवाय नमः

   ॐ आम सकर्षणाय नमः

   ॐ अम प्रदुणाय नमः

   ॐ अ अनिरुद्धाय नमः

   ॐ नारायणाय नमः ।।

१०.ॐ हीम कार्तवीयार्जिनो नाम राजबाहु सहस्रवान।

   यस्य स्मरण मात्रेण हृतम नष्टं च लभयते ।।

प्रश्न. 161. श्रीकृष्ण कि महत्वपुर्ण घटनाएं कौन सी है ?
उत्तर. कृष्णजी की यह घटनाएं जो जीवन में सफल होने के मार्ग दर्शाती हैं ...
१. क्रन्तिकारी विचार ....लकीर के फकीर मत बनो । समय के साथ अपने में परिवर्तन लाना जरुरी है जैसे समय के साथ कृष्ण अर्जुन के सारथी बने ।
२. मित्रता ....मित्रता वह जो कठिन समय में साथ दे । जैसे सुदामा–कृष्ण की ।
३. सीखना ....जैसे अर्जुन ने कृष्ण से शिक्षक की भांति सभी मुश्किलों का हल सीखा ।
४. विवेक ....विवेक के साथ हर परीक्षा की तैयारी करने

का तरीका जैसे यूद्ध में कृष्ण ने हर मोड़ पर अर्जुन को सिखाया ।

५. व्यर्थ की चिंता और डर मन से निकाल दो । हर कार्य को निडरता से तथा मुस्कराहट से करो ।

६.दूरदर्शता .... दिल और दिमाग से सोचकर परिस्थितियों का सामना करो ।

७.असफलता ....यदि किसी कार्य में सफल नहीं हुए तो घबराना नहीं । हार का कारण खोजो और आगे बड़ो, जीत आपके कदमो में होगी ।

८. व्यवस्था .... इसमें कृष्णजी बहुत आगे थे । व्यर्थ की चिंता में वक्त न गवाकर अनुशासन में जीयो और वर्तमान में ध्यान केंद्रित करो ।

९. रिश्तों में कभी पदवी को मत देखो । जिस प्रकार कृष्ण ने अपने दोस्त सुदामा की सहायता की । उसने उसकी दरिद्रता पूर्ण रूप से समाप्त कर दी ।

१०. कुटनीतिज्ञता .... सीधे रास्ते से सब पाना आसान होता है विशेषतौर पर जब विरोधियों का पलड़ा भारी हो । ऐसे में कूटनीति का रास्ता अपनाएं ।

प्रश्न 162.श्री कृष्ण के विशेष कार्य जो भूले नहीं जा सकते ?
उत्तर १.द्रोपदी की चीरहरण के समय निर्वस्त्र होने से बचाना । यह सभी मानव जाति के लिए सन्देश है ।

२. इंद्र देव से ब्रजवासियों की रक्षा करना भी अपने हक के लिए लड़ना है!

३. जरासंध से १७ बार यूद्ध करके मथुरा को बचाना ।

४. गोकुल के लोगो की कालियनाग से रक्षा ।

५. यूद्ध में अश्वत्थामा हाथी के नाम का सही उपयोग किया जिस से अपनी रक्षा की ।

६. अर्जुन के लिए कर्ण के तीरों का सामना किया और सत्य की रक्षा की ।

७. यूद्ध के मैदान में अर्जुन को सही योजना का ज्ञान देना ।

८. जब कृष्ण से अश्वत्थामा ने सुदर्शन चक्र माँगा तो उन्होंने उसे अतिथि सीमा का ज्ञान   करवाया जिस से वह शर्मिंदा होकर चला गया क्योकि कृष्ण ने सुदर्शन चक्र पाने के लिए १२ साल तपस्या की थी ।

६. कृष्ण जी कहते है कि कोई भी वस्तु धोखे से लेने का प्रयत्न मत करो

जैसे कर्ण ने धोखे से परशुराम से अस्त्र–शस्त्र विद्या का ज्ञान लिया वो भी ब्राह्मण बनकर ।।

प्रश्न 163. कृष्णजी ने नृत्य को अधिक महत्व क्यों दिया ?
उत्तर. नृत्य को महत्व देने के कारण:–

हम नाचते हैं	:	श्वास क्रिया सुरक्षित रखती है ।
हम नाचते हैं	:	अपने गमों को भूल जाते हैं और खुशी से आँखों में आंसू आने लगते हैं । तब यह हमारी अश्रु ग्रंथियों को कियार्शील करते हैं ।
हम नाचते हैं	:	हमारा मानसिक तनाव कोसों दूर भाग जाता है ।
हम नाचते हैं	:	सभी प्रकार का डर दूर भाग जाता है ।
हम नाचते हैं	:	मग्न होकर नाचते है तो नई आशाओं का आगमन होता है ।
हम नाचते हैं	:	आत्मविश्वास पैदा होता है जो जीवन में नियंत्रण आता है क्योकि इस में ध्यान केंद्रित पड़ता है जिस से जीवन में संतुलन भी आने लगता है ।
हम नाचते हैं	:	सपनों कि दुनिया में खो जाते है । विभिन्न प्रकार के सपने बनाते है और

उन्हें पूर्ण करने का प्रयास करते हैं ।
कृष्णजी कहते हैं कि हम सब तरह के
नाच करने के लिए पैदा हुए है ऐसा
कोई ज्ञान नहीं जो नृत्य में नहीं । कोई
ऐसी क्रिया नहीं जो नाच में नहीं ।

कृष्णजी कहते है :

'हम सागर है, हमारा मन तरंग है, हमारे विचार तरंगों के ऊपर
के बुलबुलें है । नृत्य कोई बंधन नहीं, नृत्य की कोई सीमा नहीं,
नृत्य का कोई भागीदार नहीं, नृत्य पूर्ण स्वतंत्रता का अनुभव
है । अपनी पूरी ताकत का प्रयोग कर नई ऊर्जा बनाने का आधार
है । आप अपनी सभी अवस्थाओं में नाच सकते हो । पूरी ताकत
से, पैरों से, विचारों से, शब्दों से, चाहो तो कलम व् पेन का
प्रयोग भी कर सकते हो । इसलिए नृत्य के लिए अपने दिमाग पर
किसी प्रकार का बोझ रखने की कोई आवशयकता नहीं । कृष्ण
ने इसलिए अपनी हर लीला में नृत्य को महत्व दिया है ।'

प्रश्न 164. श्रीकृष्ण यूद्ध के समय कर्ण के पास क्यों गए ?
उत्तर. श्रीकृष्ण यूद्ध के समय जब भीष्मपितामह परास्त हुए तो
कृष्ण ने कर्ण को अभी भी युद्ध बंद करने के लिए समझाया । उस
समय सूर्य अस्त होने के कारण यूद्ध बंद था । दुयोधन ने इस
समय कर्ण को सेनापति बना दिया । कृष्ण ने कर्ण को अब भी
यूद्ध समाप्त करने को कहा पर कर्ण नहीं माना । कर्ण ने कहा कि
दुर्योधन के मेरे ऊपर बहुत एहसान है । उसने मेरे साथ जो
सच्ची मित्रता निभाई है, मै उसके साथ विश्वासघात नहीं कर
सकता । जब कृष्ण ने धर्म का वास्ता दिया तो भी कर्ण नहीं माना
परन्तु धर्म का साथ देने के लिए कर्ण को उसके जीवन का सत्य
बताना पड़ा । कर्ण को बताया कि तुम भी कुंती के पुत्र हो परन्तु सूत पुत्र
हो ।

प्रश्न 165. कर्ण ने सूत पुत्र का पता लगते क्या असर दिखाया ?

उत्तर. कर्ण को जब पता चला कि वह कुंती का बेटा है तो वह बहुत चिंतित हो गया । वह विचलित हो गया । कृष्ण ने कर्ण को सत्य तो कहा पर कर्ण इस बात को मानने को तैयार नहीं था कि कुंती उसकी माँ हो सकती है ।

प्रश्न 166. जब कर्ण को माँ का पता चला तो कुंती अपना क्या रहस्य कर्ण को बताती है ?

उत्तर. कुंती कर्ण को दुखी और विचलित देख कर अपना रहस्य बताती है जब वह बिलकुल अज्ञात और छोटी थी तो दुर्वासा ऋषि की कुंती ने बहुत सेवा की ।

कुंती की सुंदरता और सेवा भाव को देखते हुए दुर्वासा ऋषि ने वरदान दिया जिसमे पॉच जीवन के मन्त्र बताये कि जिस देव के मन्त्र का जाप करोगी उसी के समान तुम्हारा तेजस्वी पुत्र होगा । कुंती ने कर्ण को बताया कि जब वह प्रातःकाल उठी तो उसने उगते सूर्य को देखा तो दुर्वासा ऋषि की सच्चाई देखने के लिए हाथ जोड़कर मन्त्र का उच्चारण किया । सूर्य प्रगट हो गए तो कुंती घबरा गई परन्तु सूर्यदेव ने कहा कि दुर्वासा ऋषि का दिया मन्त्र व्यर्थ नहीं जा सकता । अब तुम्हारा मेरे जैसा वीर बलवान और तेजस्वी पुत्र होगा । मैंने तुम्हारा जन्म होते ही बलिदान कर दिया । इस रहस्य को कोई और नहीं जानता । आप मेरे जेष्ठ पुत्र हो इसलिए मेरे पुत्रों की यूद्ध में रक्षा करो । यह रहस्य सुनकर कर्ण ने अपनी माँ को बहुत बुरा भला कहा ।

प्रश्न167.क्या कर्ण ने कुंती के पुत्रों की रक्षा करने के लिए बात मानली ?

उत्तर. कर्ण ने माँ कुंती के बहुत विलाप करने पर कहा कि मैं यह वचन देता हूँ कि यूद्ध के मैदान में यदि तुम मुझे जेष्ठ पुत्र कहती हो तो तुम्हारे पांच पुत्र जिन्दा रहेंगें। मुकाबला मेरा अर्जुन के साथ होगा। मैं यही तुम्हारे कहने पर पॉच पॉडवो का जीवन–दान देता हूँ। कुन्ती ने फिर भी अपने पुत्रों को कर्ण के विषय में नही बताया।

प्रश्न 168. कुंती ने कृष्ण के अतिरिक्त अपने पुत्रों को कर्ण के बारे में सच्चाई कब बताई ?

उत्तर : जब यूद्ध हो रहा था तो कर्ण ने अपने विवेक से कुंती माँ के कहने के अनुसार पहले नकुल –सहदेव, फिर युधिष्ठर और भीम की रक्षा की और अर्जुन को यूद्ध के लिए चुनौती दी परन्तु कृष्ण के सारथी होते हुए विवेक से ही कर्ण का वध हुआ । इस समय कुंती विलाप करती है और सभी मृत पांडवों को तिलांजलि दी जाती है ।

प्रश्न 169. कर्ण को तिलांजलि किसने दी ?

उत्तर. कर्ण कुंती माँ को आत्मिक रूप में दिखाई देता है और हाथ जोड़कर विनती करता है कि जन्म से मृत्यु तक तो तुमने अपनाया नहीं परन्तु मृत्यु के बाद मेरी आत्मा तभी शांत होगी जब तिलांजलि अपने पुत्र के रूप दी जायगी । इस समय कुंती ने अपने पांचों पुत्रों को रहस्य बताया और यह भी बताया कि तुम्हारा जीवन दान भी तुम्हारे बड़े भाई कर्ण के कारण ही मिला है । यह सारी बात सुनकर श्रीकृष्ण की उपस्थिति में पांडवो ने कर्ण को तिलांजलि प्रदान की । इस से उसकी आत्मा शांत हुई ।

प्रश्न 170. कुरुक्षेत्र में शकुनि मामा का वध कब हुआ ?

उत्तर. कुरुक्षेत्र के यूद्ध में दुर्योधन को कुटिल नीतियां सिखाने वाले शकुनि मामा का वध यूद्ध के १८वे दिन सहदेव के द्वारा हुआ । वह यह नहीं जानता था कि चाहे आप पाप से पाप करते और करवाते रहो अंत में पाप का घड़ा भर जाता है और उसका प्रभाव बहुत ही भयंकर होता है ।

प्रश्न 171. भीष्मपितामह का वध किसने किया ?

उत्तर. भीष्मपितामह कौरवों की सेना के सेनापति थे । वह विवश थे और हमेशा पाण्डु पुत्रों को विजयी भव का आशीर्वाद देते

थे । भीष्मपितामह को इच्छा मृत्यु का कवच प्राप्त था । वह जानते थे धर्म और अधर्म के बीच मे कौन खड़ा है । उन्होंने दुर्योधन को बहुत समझाया परन्तु अर्जुन के समझाने पर उन्होंने यह शर्त रखी कि यूद्ध भूमि में यदि कोई नारी मेरे सामने प्रस्तुत हो जातीहै तो मैं शस्त्र वहीँ छोड़ दूँगा । इसपर अर्जुन अपने साथ शिखंडी को ले कर आ गया । अर्जुन बिलकुल विवश होकर बाण चला रहा था । शिखंडी के सामने पितामह शस्त्र नहीं चला सकते थे ।अर्जुन ने बाणो की वर्षा कर दी और भीष्म पितामह अर्जुन को आयुष्मान भव कहते हुए बाणों की सेज पर गिर गए । न चाहते हुए भी अर्जुन ने वध किया । श्रीकृष्ण भी इस दृश्य को देखकर रो पड़े ।

प्रश्न 172. भीष्मपितामह ने बाणों की शय्या पर अर्जुन को क्यों बुलाया ?
उत्तर. भीष्मपितामह ने सर की तरफ सहारा देने के लिए कहा जो अर्जुन ने बाणों से बनाया तथा सब वीरों ने शीश झुकाया ।

प्रश्न 173. भीष्मपितामह ने अंतिम समय में क्या कहा ?
उत्तर. श्रीकृष्ण ने स्वयं हाथ जोड़े और कहा कि आप जैसा वीर कोई नहीं है । आने वाले समय पर सभी अपना शीश झुकायेगें । इनकी महानता के आगे तो महान शब्द भी कम है ।

प्रश्न 174. युधिष्ठर ने भीष्मपितामह के स्वास्थ्य और लम्बी आयु का रहस्य पूछा तो उन्होंने क्या कहा ?
उत्तर. भीष्मपितामह ने युधिष्ठर को १२ बिन्दु बताये ....
    १.मन को वश में करना ।
    २.घमंड नहीं करना ।
    ३.विषयों से दूर रहना ।
    ४. कटु वचन सुनकर भी उत्तर नहीं देना ।
    ५. मार खाने पर भी शांत व् सम रहना ।

६. अतिथि व् लाचार को आश्रय देना ।
७. निंदा से हमेशा दूर रहना ।
८. नियमपूर्वक शास्त्र पढ़ना व् सुनना ।
९. दिन में नहीं सोना ।
१०. स्वयं आदर न चाहकर, दूसरों को आदर देना   ।
११. क्रोध के वशीभूत नहीं रहना ।
१२. स्वाद के लिए नहीं स्वास्थ्य के लिए भोजन करना ।।

प्रश्न 175. गीता की रचना किसने की ?
उत्तर. गीता की रचना भगवान श्री वेदव्यास जी ने की ।

प्रश्न 176. गीता सर्व प्रथम किसको सुनाई गई ?
उत्तर.गीता भगवान श्रीकृष्ण के मुख से सबसे पहले महाभारत के युद्ध में अर्जुन ने सुनी । उसके बाद सूर्य नरायण ने सुनी थी ।

प्रश्न 177. गीता सर्व प्रथम किसने पड़ी ?
उत्तर. गीता सबसे पहले सुखदेव महाराज ने पड़ी ।

प्रश्न 178. कृष्णजी ने गीता का उपदेश अर्जुन को क्यों दिया ?
उत्तर. जब कुरुक्षेत्र के मैदान में महासंग्राम शुरू होनेवाला था तो अर्जुन युद्ध के लिए तैयार नहीं था तो कृष्ण अर्जुन के सारथी थे , उस समय अर्जुन का मोह भंग करने के लिए कृष्ण ने गीता का उपदेश दिया । उस क्षण की विशेषता थी कि सिर्फ अर्जुन ही कृष्ण को देख व सुन सकता था।

प्रश्न 179. गीता किस नाम से प्रसिद्ध हुई ?
उत्तर.कुरुक्षेत्र की युद्धभूमि में श्रीकृष्ण ने अर्जुन को जो उपदेश दिया वह श्रीमद्भागवत गीता के नाम से प्रसिद्ध है ।

प्रश्न 180. गीता के कितने अध्याय है ?
उत्तर. गीता में १८ अध्याय हैं ।

प्रश्न 181. गीता में कितने श्लोक है ?
उत्तर. गीता में ७०० श्लोक हैं जो संस्कृत भाषा में हैं ।

प्रश्न 182. भारतीय परम्परा में गीता का क्या स्थान है ?
उत्तर. भारतीय परम्परा में गीता का वही स्थान है जो उपनिष्द और ब्रह्मसूत्रों का है ।

प्रश्न 183. गीता का प्रचार बाहर के देशों में कब हुआ ?
उत्तर.गीता का प्रचार बाहर के देशों में १८६५ से आरम्भ हुआ ।

प्रश्न 184. वेदांत के मुख्य तीन स्तम्भ कौन से है ?
उत्तर. वेदांत के मुख्य तीन स्तम्भ :–
    १.उपनिष्द
    २.भगवद्गीता
    ३.ब्रह्मसूत्र

इन तीनों को प्रस्थान त्रयी कहा जाता है ।
    उपनिष्दों को ....श्रुति प्रस्थान
    गीता को ....स्मृति प्रस्थान
    ब्रह्मसूत्रोंको ....न्याय प्रस्थान

प्रश्न 185 . गीता के श्लोकों का विभाजन किस प्रकार से किया गया ?
उत्तर. गीता के ७०० श्लोकों का विवरण इस प्रकार से है ....
    श्रीकृष्ण द्वारा ५७४
    अर्जुन द्वारा ८५
    संजय द्वारा ४०

धृतराष्ट्र द्वारा १

____

कुल श्लोक   ७००

____

प्रश्न.186. गीता का उपदेश कब दिया गया ?
उत्तर. गीता का उपदेश ५१५४ वर्ष पूर्व रविवार एकादशी के दिन दिया गया ।

प्रश्न 187.गीता के प्रत्येक अध्याय का संक्षेप में विवरण ?
आर्यभट्ट के अनुसार महाभारत युद्ध ३१३७ ईसा पूर्व हुआ । हरियाणा के कुरुक्षेत्र में श्रीकृष्ण ने अर्जुन को युद्धक्षेत्र में ५१५४ वर्ष पूर्व गीता का ज्ञान दिया था । यह ज्ञान लगभग ४५ मिनट तक चला । गीता की गणना उपनिषदों में की जाती है । यह ज्ञान कृष्णजी ने अर्जुन को अपने पथ से हटने पर और कर्तव्य निभाने के लिए दिया था । गीता को हरि गीता के नाम से भी पुकारा जाता है ।

पहला अध्याय

इसमें अर्जुन विषाद योग को ४६ श्लोकों में कृष्ण द्वारा वर्णन किया गया है ।अर्जुन का रिश्तेदारों को देख कर विचलित होना ।

दूसरा अध्याय

इस अध्याय को सांख्ययोग कहा गया है । इसमें ७२ श्लोकों द्वारा कृष्ण ने कर्मयोग, सांख्य योग, ज्ञान योग, बुद्धि योग व् आत्मज्ञान देते हैं । इसमें पूरी गीता का सारांश आ जाता है ।

तीसरा अध्याय

कर्मयोग है जिसमे ४३ श्लोक हैं जिसमे कृष्ण ने अर्जुन को कहा कि तुम्हारा कार्य सिर्फ कर्म करना है, फल की इच्छा रखे बिना । धर्मपरायण हो कर अधर्म का विनाश करना ।

चौथा अध्याय

ज्ञान कर्म सन्यास योग ४२ श्लोकों द्वारा वर्णन किया गया है कि धर्मपरायण हो कर अधर्म का विनाश करना ।

पांचवा अध्याय

कर्म सन्यास योग जिसमे २६ श्लोकों द्वारा अर्जुन को समझाते है कि कर्मयोग और ज्ञान योग दोनों का लक्ष्य एक है परन्तु कर्म योग अभिनय के लिए बेहतर है ।

छठा अध्याय

आत्मसंयम योग जिस में ४७ श्लोक है जिस में मन की व्यथा को दूर करने का प्रयास किया है ।

सातवां अध्याय

ज्ञान–विज्ञानं योग जिस में ३० श्लोक है । इसमें कृष्णजी निरपेक्ष वास्तविकता और उसके भ्रामक ऊर्जा 'माया' के बारे में अर्जुन को ज्ञान दिया है ।

आठवां अध्याय

अक्षर ब्रह्मयोग है जिसमे २८ श्लोक है जिसमे स्वर्ग–नर्क के सिद्धांत का वर्णन है ।

नौवां अध्याय

राजविद्या राजगुह योग है । इसमें ३४ श्लोक हैं जिस में कृष्णजी की आंतरिक ऊर्जा सृष्टि को व्याप्त बनाता है तथा उसका सृजन करता है ।

दसवां अध्याय

विभूति योग जिसमे ४२ श्लोक हैं जिसमे कृष्णजी सभी तत्वों और अध्यात्मिक अस्तित्व के अंत का कारण बनते है ।

ग्यारवां अध्याय

विश्वरूप दर्शन योग जिसमे ५५ श्लोक है । कृष्ण का विराट रूप दिखाना ।

बारहवां अध्याय

भक्तियोग जिसमे २० श्लोक है । इसमें कृष्णजी अर्जुन को भक्ति के मार्ग की महिमा का वर्णन करते हैं ।

तेरहवां अध्याय

क्षेत्र –क्षत्र विभाग योग जिसमे ३५ श्लोक है । इसमें अर्जुन को सत्व–रज–तम गुणों द्वारा अच्छी योनि में जन्म लेने के उपाय बताया ।

चौदहवां अध्याय

गुणत्रय –विभाग जिसमे २७ श्लोक है जिस में कृष्ण सत्व –राज और तम गुणों का तथा मानव को उत्तम, मध्यम तथा अन्य गतियों का वर्णन करते है ।

पन्दरहवाँ अध्याय

पुरषोतम योग कहलाता है । इसमें २० श्लोक है जिसमे दैवी प्रकृति वाले ज्ञानी पुरुष सभी प्रकार से मेरा भजन करते हैं । आसुरी प्रकृति वाले अज्ञानी लोग मेरा उपहास करते हैं ।

सोलहवां अध्याय

देवसूरसंपद्द्विभाग योग जिसमे २४ श्लोक है । स्वाभाविक रूप से ही दैवी प्रकृति वाले ज्ञानी पुरुष तथा आसुरी प्रकृति वाले अज्ञानी पुरुष के लक्षणों के बारे में वर्णन करते हैं ।

सत्रहवाँ अध्याय

श्रद्धात्रये विभाग जिसमे २८ श्लोक हैं जिसमे कृष्णजी ने कहा है कि शास्त्र विधि का ज्ञान न होने से तथा अन्य कारणों से शास्त्र विधि छोड़ने पर भी यज्ञ, पूजा आदि शुभ कार्य करने से स्थिति कैसी होती है ।

अठारहवाँ अध्याय

मोक्ष–सन्यास –योग जिसमे ७८ श्लोक है । यह अध्याय सभी अध्यायों का सारांश है । इसमें कृष्णजी अर्जुन को ज्ञानयोग का और त्याग अर्थात फलासक्तिरहित कर्मयोग का तत्व जानने की इच्छा प्रगट करते हैं ।

प्रश्न 188. श्रीकृष्ण ने पक्षियों के बारे में क्या रहस्य बताया ?
उत्तर. कृष्णजी ने अर्जुन को कहा कि आत्मा और परमात्मा दो मित्र पक्षियों के समान है ।

एक है अणु आत्मा ...जो वृक्ष के फल खा रहा है ।

दूसरी है परमात्मा .....अपने मित्र को फल खाते देख रहा है । दोनों मित्र है फिर भी एक स्वामी है और दूसरा सेवक ।

एक ही वृक्ष पर बैठे है एक भोक्ता के रूप में मग्न होकर फल खा रहा है और यदि किसी भी तरह वह मित्र की ओर उन्मुख होता है ओर पूर्ण महिमा को जान लेता है तो वह कष्ट भोगने वाला पक्षी तुरंत सारी चिंताओं से मुक्त हो जाता है । जब अर्जुन ने अपने मित्र कृष्ण के उपदेश को समझ गया तो वह शोकमुक्त हो गया। ज्ञान होने पर युद्ध लड़ने के लिए अर्जुन ने अपना गांडीव धारण कर लिया । अणु आत्मा द्वारा इस सम्बन्ध के महत्व को जान लिया ओर उस वृक्ष के समान एक वृक्ष से दूसरे पर जाने या एक शरीर से दूसरे शरीर में जाने का कारण है । जिस प्रकार अर्जुन कृष्ण का उपदेश ग्रहण करने के लिए अपनी इच्छा से उनकी शरण में जाते हैं ठीक वैसे ही परतंत्र पक्षी तुरंत सारे शोकों से विमुक्त हो जाता है ।

प्रश्न 189. कंस का वध करने के पश्चात् मथुरा में कृष्ण ने क्या परिवर्तन किया ?
उत्तर. कृष्णजी ने उग्रसेन को फिर से मथुरा का राजा बना दिया । कंस के वध के पश्चात् कृष्ण ने अपने जन्मदाता देवकी ओर वासुदेव को जेल से मुक्त किया । कृष्ण जी ने अपने माता–पिता के चरणों में वंदना की ।

प्रश्न 190.पुरषोतम मास का क्या महत्व है ?
उत्तर. पुरषोतम मास भगवान विष्णु का प्रिय मास है । इस मास में श्री राम ,भगवान कृष्ण और श्री हरि की उपासना का बहुत महत्व है । यह मास भगवान शिव की आराधना के लिए बहुत लाभदायक है । इस मास में तामसी भोजन करना सख्त मना है । इस मास में जप–तप व् दान करने का विशेष महत्व है ।

प्रश्न191 .पुरषोतम मास में किन खाद्य पदार्थों का सेवन करना चाहिए ?
उत्तर.इस मास में खाने चाहिएः गेहूं, मूंग, चावल, मटर, तिल, ककड़ी, केला, आम, घी सौंठ, इमली सेंधा नमक आंवला आदि ।

प्रश्न 192. पुरषोतम मास में क्या नहीं खाना चाहिए ?

उत्तर. इस मास में न सेवन करने वाले पदार्थ ...उड़द, राइ, मूली, गाजर,मसूर की दाल, बैंगन ,लहसुन, प्याज, गोभी, शहद मांस, मदिरा, धूम्रपान व् मादक द्रव्य ।

प्रश्न 193. भीष्मपितामह ने ऐसे कौन से पाप किए जिस से उनको आजीवन कष्ट सहने पड़े ?

उत्तर.१. सत्यवान के कहने पर ही भीष्मपितामह ने काशी के राजा की तीन पुत्रियों का अपहरण किया था अम्बा, अम्बालिका, ओर अम्बिका,

२. गांधारी ओर उनके पिता सुबल की इच्छा के विरुद्ध भीष्म ने धृतराष्ट्र का विवाह गांधारी से करवाया था । इसलिए उसने भी आँखों पर पट्टी बांध ली थी ।

३. भरी सभा में जब द्रोपदी को निर्वस्त्र करने का प्रयास किया जा रहा था तो भीष्म भी चुप रहे । दुर्योधन ओर शकुनि को एक बार भी सीधे रास्ते पर आने को नहीं कहा ।

४. जब कौरवों की सेना जीत रही थी तो भीष्मपितामह ने ऐसे में पांडवों को अपनी मृत्यु राज बताकर कौरवों के साथ धोखा किया ।

प्रश्न 194. जब भीष्मपितामह बाणों की शैया पर थे तो कृष्णजी से क्या पूछा ?

उत्तर. श्री कृष्ण से भीष्म ने पूछा कि मेरी इस स्थिति का क्या कारण है, हे मधुसूदन कृपया बताओ । कृष्णजी ने कहा कि आप अपने पिछले जन्म में एक राजकुमार थे ओर वह आपका १०१वां जन्म था । एक दिन शिकार करते समय आपके घोड़े के आगे एक करकैंटा वृक्ष से नीचे आकर गिरा परन्तु आपने उसे अपने बाण से उठाकर पीठ के पीछे फेंक दिया । उस समय वह बेरिया के पेड़ पर जा गिरा जो काँटों से भरपूर था । जितना वह वहां से निकलने का प्रयत्न करता, कांटे उस की पीठ पर चुभ जाते ।

सहते –सहते वह हार गया और अठारवें दिन मर गया । उसने
ईश्वर से प्राथना की मेरी इस हालत करने वाले को भी इसी
हालत में मृत्यु देना। इतने पाप करने के बाद भी इनको
खलनायक नहीं कहा जा सकता । भीष्म ने जो भी किया वह
हस्तनापुर के सिहासन की रक्षा के लिए किया तथा कुरुवंश को
बचाने के लिए किया था ।

प्रश्न 195. महाभारत युद्ध का सबसे बड़ा खलनायक कौन था ?
उत्तर महाभारत युद्ध का सब से बड़ा खलनायक शकुनि था ।
शकुनि ने ही दुर्योधन के मन में पांडवों के प्रति वैरभाव उत्पन्न
किया । शकुनि ने सिर्फ ये ही नहीं दुर्योधन सहित धृतराष्ट्र के
सभी पुत्रों के चरित्रो को बिगाड़ दिया । शकुनि का दिमाग छल,
कपट ओर अनीति से भरपूर था । शकुनि दोनों कौरवों ओर
पांडवों का नाश देखना चाहता था । इसका कारण था कि इसके
माता–पिता को धृतराष्ट्र ने कारागर में बंद कर भूखों मार दिया
था ।

प्रश्न 196. श्री कृष्णजी ने मानव को कौन सा उपवास रखने को
कहा ?
उत्तर.श्री कृष्णजी ने मानव जाति को उपवास खाने का नहीं
बल्कि गन्दी सोच,गन्दी नियित और गंदे विचारों का उपवास
रखने को कहा ।

प्रश्न 197. श्रीकृष्णजी के प्रमुख युद्ध कौन से है ?
उत्तर. १. जन्म लेते ही कंस से युद्ध जिसमे पूतना,
ताड़का,शकटासुर, आदि का वध किया ।
२. जरासंध से युद्ध जो कंस का ससुर था व् कृष्ण का वध करना
   चाहता था ।
३. कालयवन से युद्ध ...जरासंध ने १८ बार मथुरा पर चढाई की ।
४.कृष्ण और अर्जुन का द्वन्द युद्ध जो एक भयंकर युद्ध था ।

५. शिव और कृष्ण का जीवाणु युद्ध ।
६. नरकासुर से युद्ध ....नारियों की रक्षा हेतु इंद्र के कहने पर ।
७. महाभारत युद्ध जो की १८ दिन तक चलता रहा ।
८. चाणूर और मुष्टिक से युद्ध ...१६ वर्ष की उम्र में ब्रज क्षेत्र में मार्शल आर्ट द्वारा जीता जो वास्तव में कृष्णजी ने ही इसका अविष्कार किया ।
९.जामवंत से यूद्ध ....मणि की चोरी का खुलासा करने के लिए ।
१०. पौंड्रक –कृष्ण युद्ध ...काशी नरेश के साथ ।

प्रश्न 198. श्रीकृष्ण का गाय के साथ क्या सम्बन्ध है ?
उत्तर   कृष्ण और गाय अविभाज्य है । कृष्णजी और गाय के सम्बन्ध को हमेशा एक ईश्वरीय अस्तित्व में रखा गया है । श्री कृष्ण का जीवन आरम्भ से ही गोकुल की दिव्य दुनियां में शुरू होता है । कृष्णजी एक ग्वाले के रूप में बड़ी संख्या में गायों और बछड़ों को चराते रहे । उनका बाल्यकाल एक ग्वाले की तरह ही रहा ।

प्रश्न199.कृष्णजी ने गायों के लिए मानव जाति को क्या उपदेश दिया ?
उत्तर. भगवान कृष्ण कहते है की यदि तुम मुझ से प्रेम करते हो तो गाय को सदा प्यार करो । गाय को कभी नुकसान नहीं पहुचायो, उसकी पूजा करो । स्वयं को गऊ रक्षा की लड़ाई में शामिल करो ताकि कोई गोहत्या जैसे भयंकर पाप को न करे । अपनी भूमि को गौ रक्षा करके पवित्र रहने दो ।

प्रश्न 200. किसी भी धार्मिक कार्य से पहले शंख क्यों बजाया जाता है ?
उत्तर. शंख ध्वनि हिन्दू धर्म की एक बड़ी महत्वपूर्ण विशेषता है । शंख ध्वनि बजाने से वातावरण शुद्ध हो जाता है । इस से सभी अशुद्धियाँ दूर हो जाती है तथा नकरात्मक ऊर्जा समाप्त होती

है । शंख बजाने से देवता आकर्षित होते हैं तथा मन को शांति मिलती है । इसके अतिरिक्त कहा जाता है कि इस से पूजा भी सार्थिक होती है ।

प्रश्न 201. शंख ध्वनि को कब और कितनी बार बजाया जाता है ?

उत्तर. शंख का प्रयोग धार्मिक रीतिरिवाजों में निश्चित विधि से बजाया जाता है । पूजा शुरू करने से पूर्व तीन बार शंख बजाया जाता है । पूजा आरती के दौरान भी शंख बजाया जाता है । पूजा के अंत में भी शंख ध्वनि की जाती है ।

प्रश्न 202. ३३ करोड़ देवी –देवतायों का मंदिर कहाँ है ?

उत्तर. ३३ करोड़ देवी –देवतायों का मंदिर जम्मू में रघुनाथ मंदिर के नाम से प्रसिद्ध है । इस में ३३ करोड़ देवी –देवताओं की पिण्डिया है ।.

प्रश्न 203. श्रीकृष्ण ने नरकासुर का वध क्यों और कैसे किया ?

उत्तर. नरकासुर एक असुर था । वह बाणासुर की संगति में पढ़कर दुष्ट हो गया था । जिस के कारण विशिष्ठ ने उसे विष्णु के हाथों मारे जाने का शाप दिया । नरकासुर के अत्याचारों से ग्रस्त इंद्र ने इसके काले कारनामे बताये कन्यायों का बलात्कार, चोरी, आदि, । इंद्र के कहने पर कृष्णजी ने अनेक दैत्यों का वध किया और इस पर आक्रमण कर सुदर्शन चक्र से उसके दो टुकड़े कर दिए । इसको मारने के लिए श्री कृष्ण अपनी प्रिय पत्नी सत्यभामा के साथ गरुड़ पर सवार होकर आये थे ।

प्रश्न 204. नारदजी ने श्री कृष्ण से पूछा कि एक महापापी और भक्त में क्या अंतर है ?

उत्तर. कृष्ण ने कहा कि दोनों में गहरा अंतर है, जो जिस भाव से हमें ध्याता है, हम उसी रूप में उसे प्राप्त होते हैं ।

जो हमे स्वामी,सखा और प्रियतम के रूप में मानते है उन्हें मैं उसी रूप में सुख का अनुभव कराता हूँ । कंस हमे शत्रुभाव से देखता है इसलिए उसे शत्रु रूप में ही हमारी प्राप्ति होती है । हमारा रूप सब के लिए एकसा है । उसी रूप को देखकर देवी —देवता प्रसन्न हो जाते है और कंस मुझे देखकर भयभीत हो उठता है । इस भावना के कारण वह भाग्यहीन सो भी नहीं सकता । भावना के अनुसार ही फल मिलता है । नारद जी इस बात को सुनकर संतुष्ट हो जाते है ।

प्रश्न २०५. महाभारत युद्ध के समाप्त होने पर द्रोपदी को कृष्ण क्या कहते है ?

उत्तर. द्रोपदी के पास कृष्ण स्वयं मिलने जाते है तब वह रो रही होती है । उसकी दशा देखकर कृष्ण उसे सांत्वना देते हुए कहते हैं कि तुम्हारा प्रतिशोध पूरा हुआ । केवल दुर्योधन और दुशासन ही नहीं ,सारे कौरव समाप्त हो गए । अब तो तुम्हे प्रसन्न होना चाहिए। इसपर द्रोपदी अपने हृदय की परिस्थिति को कृष्णजी से कहती है कि इस युद्ध का कारण मै थी   ।

प्रश्न २०६.श्रीकृष्ण और द्रोपदी में क्या बात हुई ?

उत्तर. श्रीकृष्णजी ने द्रोपदी को समझाया कि मै तो तुम्हे वास्तिविकता समझाना चाहता हूँ । हमारे कर्मों के परिणाम को हम दूर तक नहीं देख पाते और जब वह हमारे सामने होते है तो हमारे हाथ में कुछ नहीं रहता । इसलिए तुम अपने को युद्ध का कारण व् दोषी मत ठहरायो । यदि तुम अपने कर्मों में थोड़ी सी भी परिणाम के लिए सोचती तो आज तू इतना कष्ट कभी नहीं पाती ।

प्रश्न २07. कृष्णजी से द्रोपदी ने पूछा कि मेरे कर्मों में क्या दोष है ?

उत्तर. कृष्णजी द्रोपदी को बताते है :–

१. जब तुम्हारा स्वयम्बर हुआ तब तुमने कर्ण को अपमानित किया । यदि तुम उसे अवसर दे देती तो शायद परिणाम कुछ और होता ।

२. जब तुम्हे कुंती ने पांच पतियों की पत्नी होने का आदेश दिया तो तुमने स्वीकार क्यों किया ।

३. तुमने अपने महल में दुर्योधन को अपमानित किया । यदि नहीं करती तो तुम्हारा चीरहरण नहीं होता ।
'हमारे शब्द ही हमारे कर्म होते है' ।।

प्रश्न २08. श्री कृष्ण द्रोपदी को क्या शिक्षा देना चाहते थे ?

उत्तर. श्री कृष्ण ने द्रोपदी को उसकी गलती का एहसास करवाया कि हमे अपने हर शब्द को बोलने से पहले तोलना बहुत जरुरी है अन्यथा उसके दुष्परिणाम सहन करने लायक नहीं होतें । संसार में मनुष्य ही एक ऐसा प्राणी है जिसका जहर उसके दांतों में नहीं शब्दों में है । इसलिए शब्दों का प्रयोग ऐसा करना चाहिए जिस से किसी की भावना को ठेस नहीं पहुंचे ।

प्रश्न.209. श्री कृष्ण ने मानव की असली सुंदरता के बारे में क्या कहा है ?

उत्तर. श्रीकृष्णजी कहते है कि मनुष्य का महत्व शरीर की सुंदरता से नहीं है । शरीर तो भीतर से रक्त, मल और कचरे से भरा है । असली सुंदरता तो व्यक्ति के कर्म, उसके विचार, उसकी वाणी, उसका व्यवहार, उसके संस्कार और उसका चरित्र है । जिसके जीवन में यह सब है वह ही मनुष्य दुनियां का सबसे सुन्दर इंसान है ।

प्रश्न 210. कृष्णजी ने कलियुग के बारे में क्या भविष्यवाणी की ?
उत्तर. हर तरह की शिक्षा देने वाला है । महाभारत में जीवन से जुड़ा ऐसा कोई सा भी विषय नहीं जिसका वर्णन न किया गया हो और जिस में जीवन का कोई समाधान न हो । महाभारत में देश, धर्म, न्याय, राजनिति, समाज, योग, युद्ध, परिवार, ज्ञान ,विज्ञानं, अध्यात्म तकनीकी आदि सभी विषयों का निर्णय व् वर्णन किया गया है ।

प्रश्न २11. कलिकाल का विस्तार बताने के लिए पांच पांडवों को अलग दिशाओं में कैसे भेजा और क्या समझाया ?
उत्तर. जब पांडवों को बनवास मिला तो पांचों भाईओ को वन की अलग दिशाओं में भेजा और कहा कि जो कुछ भी दिखे मुझे आकर बतायो तो मै तुमको कलियुग में इसका प्रभाव बतायूँगा तो पांचों भाई आदेश के अनुसार चले गए ।
सभी ने वर्णन किया :—
युधिष्ठर से .... दो सूंड वाला हाथी देखा ।

अर्जुन .... पक्षी देखा जिस के पंखो के ऊपर वेद रचनाये लिखी हुई और वह पक्षी मुर्दे का मांस खा रहा है ।

भीम .... गाए ने बछड़े को जन्म दिया है, जन्म के बाद वह बछड़े को इतना चाट रही है कि बछड़ा लहूलुहान हो गया ।

नकुल .... एक पहाड़ के ऊपर से बडीसी शिला लुढकती हुई आती है और कितने ही वृक्षों से टकराती हुई आगे बड़ जाती है । अंत में वह एक छोटेसे पौधे का स्पर्श पाते ही स्थिर हो गई ।

सहदेव .... ६—७ कुएं देखे । कुओं के आस—पास पानी है किन्तु बीच से कुंआ खाली है ।

बीच का कुंआ गहरा है फर भी पानी नहीं है ।
श्री कृष्णजी को पांचों पांडवों ने जो देखा
उसका हाल सुनाया । कृष्णजी ने समझाना
शुरू किया ।

युधिष्ठर से .....   कलियुग में ऐसे लोगो का राज्य होगा जो
दोनों ओर से शोषण करेंगे, दो सूंड वाले
हाथी की तरह । बोलेंगे कुछ और करेंगे
कुछ । मन में कुछ, कर्म में कुछ ।

अर्जुन से .....   कलियुग में लोग ज्ञानी ध्यानी होने पर भी
आचरण में राक्षसी प्रवीति के होंगे । सम्पति
के लिए किसी का भी वध कर देंगे । पक्षी की
तरह जो तुमने देखा ।

भीम से .....   मोह –माया में ही घर बर्बाद हो जाएगा । गाय
और बछड़े के व्यवहार की तरह बच्चे अंत में
अनाथ होकर मर जायँगे ।

नकुल से .....   कलियुग में मानव का मन नीचे गिरेगा ।
जीवन पतित होगा जो धन की शिलाओं से
नहीं रुकेगा । किंतु सत्संग के एक छोटे से
पौधे से मानव पतन के होने से बच जायगा ।

सहदेव से .....   शादी उत्सवों में करोड़ों का खर्च होगा परन्तु
कोई किसी की मदद नहीं करेगा खाली कुएं
की तरह अन्न के भंडार होंगे लेकिन लोग
भूखे मरेंगे । एक ही जगह पर असमानता
चरम सीमा पर होगी ।

प्रश्न २१२. कृष्णजीकी लीला के तीन भाग कौन से है ?

उत्तर. श्रीकृष्णजी की लीला के मुख्य भाग :–

१. ब्रज लीला ..... ११वर्ष और ६ मास वृन्दावन में

२. मथुरा लीला ...१० वर्ष और ६ मास अपनी बाल्यावस्था पूर्ण बल तथा विवेक का प्रयोग कर कंस का वध करने में सफल हुआ ।

3. द्वारकालीला ...कृष्णजी ने द्वारका में १०५ वर्ष ३ मास तक जीवन व्यातीत किया । द्वारका में महल बनाया और जनहित के सभी कार्य पूर्ण निष्ठा से किये ।

प्रश्न २13. श्रीकृष्णजी ने जिंदगी की किताब को कैसे दर्शाया ?

उत्तर. श्रीकृष्णजी ने जिंदगी की किताब को तीन पन्नों में विभाजित किया

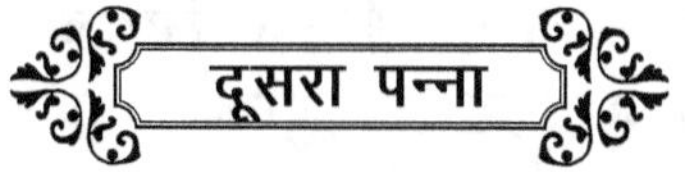

यह जन्म का पन्ना है जिस में आत्मा अपने साथ आप के कर्मों का हिसाब लेकर आती है ।

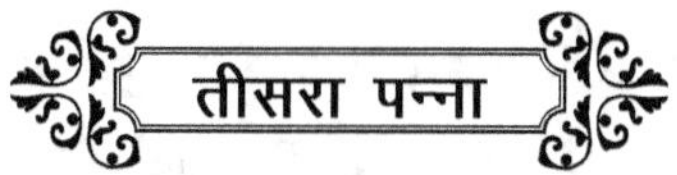

इस पन्ने को हमें स्वयं भरना है । आप जिस प्रकार के कर्म करोगे उसका परिणाम आप तह नहीं करोगे ।

यह पन्ना मृत्यु का है जिस का समय निश्चित है आप के जीवन का हर पल अमूल्य है । एक फालतू पल भी आप नहीं खरीद सकते चाहे आप अपना सारा खजाना लुटा दें ।

प्रश्न २१४.कृष्णजी ने किस प्रकार के सयंम को विशेष महत्व दिया ?

उत्तर. कृष्णजी ने दो प्रकार के सयम को विशेष महत्व दिया :—

१.वाणी

एक केवल मानव ही है जिस की वाणी में जहर होता है बाकि सब के दांतो में होता है जिस का प्रभाव मानव को कही का नहीं रहने देता ।

२.आहार

यदि आहार ठीक नहीं होगा तो विचार ओर स्वास्थ्य दोनों खराब हो जायेंगे ।

प्रश्न.215.महाभारत के युद्ध में अर्जुन की जीत के क्या संकेत थे ?

उत्तर. अर्जुनकी जीत का पहला संकेत है कि उसके रथ की ध्वजा पर हनुमान जी का चिन्ह विजय का संकेत है । अर्जुन की विजय का सब से बड़ा संकेत है उनके सारथी जो स्वयं ही कृष्ण पूर्ण परमात्मा है और साक्षात् राम है । जिस की व्यवस्था इनके हाथ है तो विजय के लक्षण स्पष्ट है ।

प्रश्न २१६. कृष्णजी को त्रिकाल दर्शी क्यों कहा गया है ?

उत्तर.कृष्णजी को त्रिकाल दर्शी इसलिए कहते है क्योकि १६ कलां सम्पूर्ण होते हुए यह सब जानते है की भूतकाल में क्या हुआ ,भविष्य में क्या होगा तथा वर्तमान में क्या हो रहा है । वह आदि से अंत तक सभी कुछ जानते है ।

प्रश्न २१७. कृष्णजी के विभिन्न नाम कैसे पड़ें ?

उत्तर.कृष्णजी के नामों का कोई न कोई रहस्य है जैसे ....जब कृष्ण का जन्म होते ही नन्द गांव छोड़ा गया तो इनका नाम यशोदा नन्दन पड़ गया । मधु नमक असुर को मारा तो मधुसूदन पड़ गया । गौ रक्षा की तो गोपाला कहलाया ।

देवकी ने जन्म दिया तो देवकीनंदन नाम पड़ा । अर्जुन का सारथी बने तो पार्थ सारथी कहलाया ।

प्रश्न 218. क्या सभी यदुवंशी यूद्ध में मारे गए थे ?
उत्तर.सभी यदुवंशियों का नाश नहीं हुआ था । बब्रु और दारुक बच गए थे । उसके बाद बलराम ने ध्यान लगाकर देह का त्याग कर दिया । श्री कृष्ण को बहेलिए के शिकार से पैर के तलवे पर तीर लगा और उन्होंने देह त्याग दी जब कृष्ण के बारे में सम्बन्धियों को पता चला तो उन्होंने स्वयं देह त्याग दी । अब वे कृष्ण के बिना जिन्दा नहीं रहना चाहते थे । इसके बाद सभी पांडवों ने भी देह त्याग दी । शेष द्वारका समुन्द्र में डूब गयी । कहा जाता है कि विज्ञानिको को आज भी वहां के अवशेष मिलते हैं जो इनका प्रमाण दर्शाते हैं ।

प्रश्न 219 .श्री कृष्णकी मृत्यु कैसी हुई ? इसका क्या रहस्य है ?
उत्तर, महाभारत की युद्ध की समाप्ति के बाद जब युधिष्ठिर का राजतिलक हो रहा था तो कौरवों की माता ने युद्ध का दोषी कृष्ण को ठहराते हुए शाप दिया कि जिस प्रकार कौरवों का वंश नाश हुआ है ठीक उसी प्रकार यदुवंशियों का भी नाश होगा। श्री कृष्ण तब द्वारका अपने साथ यदुवंशियों को लेकर चले गए । वहां महाभारत युद्धकी चर्चा करते हुए सात्यकि और कृतवर्मा में विवाद हो गया । सात्यकि ने गुस्से में आकर कृतवर्मा का सर काट दिया । आपसी युद्ध में लगभग सभी यदुवंशी मारे गए श्री कृष्ण ने द्वारका को निवास स्थान बनाया और सोमनाथ के पास स्थित प्रभास क्षेत्र में उन्होंने देह त्याग दी । एक दिन वृक्ष के नीचे विश्राम कर रहे थे, वह योग निद्रा में थे कि जरा नामक बहेलिए ने भूलवश हिरण समझ कर विषयुक्त बाण मार दिया । वह बाण कृष्णजी के पैर के तलुवे पर जा कर लगा । भगवान श्री कृष्ण ने इसी को बहाना बना कर देह त्याग दी । कहा जाता है कि बहेलिया बाली का ही आत्मिक शरीर था ।

त्रेता युग में प्रभु ने राम के रूप में अवतार लेकर बाली का वध किया था । कृष्ण अवतार के समय भगवान ने उसी बाली को बहेलिया बनाया और अपने लिए वैसी ही मृत्यु चुनी जैसी बाली को दी थी ।

प्रश्न 220. श्रीकृष्णजी को रणछोड़ क्यों कहा जाता है ?
उत्तर. श्रीकृष्णजी को रणछोड़ इसलिए कहा जाता है क्योकि इसके पीछे एक कूटनीति चाल है। जब मगध के शासक जरासंध ने कृष्ण को युद्ध करने के लिए ललकारा तो उसने देखा कि कृष्ण बलराम के साथ युद्ध का मैदान छोड़ कर भाग रहें है तो यह देखकर जरासंध हंसने लगा । कृष्ण अपने भाई के साथ थकान के कारण आराम के लिए परवर्शत पर्वत जहां वर्षा होती रहती थी चढ़ गए । उस पर्वत को जरासंध ने अपने सैनिको द्वारा आग लगवा दी । जब कृष्ण को पता चला तो अपने भाई सहित ४४ कोस ऊँचे पर्वत से छलांग लगाकर द्वारका पहुँच गए । जरासंध को अपने जीतने का एहसास हुआ कि दोनों भाइयो को किस प्रकार से अग्नि में भस्म कर दिया । वह यह नहीं सोच सका कि इस में भी कृष्ण भगवान की कूटनीति है । कृष्णजी यह जानते थे कि जरासंध बहुत ताकतवार है । इस समय दोनों भाई युद्ध करने की हालत में नहीं थे । श्री कृष्णजी रण छोड़ कर सन्देश देना चाहते थे कि दुश्मन का सामना तभी करना चाहिए जब आपको अपने बल पर पूर्ण विश्वास हो । जान जोखिम में डालने से वहां से भागने में ही भलाई है । यदि जान बचेगी तो आगे कई अवसर मिलेगें जब हम जरासंध को हराने में सफल होंगे । कृष्णजी को रणछोड़ कहलवाकर जरा भी बुरा नहीं लगा ।

प्रश्न 221. श्रीकृष्णजी की मृत्यु का वर्ष, मास और दिन कौन सा हैं ?
उत्तर.श्री कृष्ण पूर्ण अवतार में जनकल्याण के लिए आए ।

उन्होंने अपनी देह का त्याग १८ फरवरी ३१०२ ईसा पूर्व किया ।
उस समय वह १२५ वर्ष ७ मास और ६ दिन के थे । सोमनाथ के
पास प्रभासपल में हुआ । उस दिन मंगलवार था ।

प्रश्न २22. श्री कृष्णजी का अंतिम संस्कार किस ने किया ?
उत्तर.श्री कृष्णजी का अन्तिम संस्कार किसने किया, इसका उत्तर
जानना असंभव है क्योकि भगवान साक्षात् परब्रह्म परमात्मा है,
उनका अन्तिम संस्कार नहीं होता । वह अजन्मा है, जो जन्म
–मरण से परे है । मुक्त है ,लीला के बाद वह सशरीर मतलब कि
सगुण रूप से शरीर के साथ ही परमधाम को पधारे थे ।

प्रश्न २२3. जब कृष्णजी का अन्तिम साँस निकला तो उनका दिल
कहाँ स्थित हुआ ?
उत्तर. जब कृष्ण का अन्तिम संस्कार हुआ तो उनका दिल नदी में
ही जल रहा था । सभी स्त्रियो, बच्चों को हस्तिनापुर ले जाया
गया । कृष्णजी का दिल राजा इन्द्रद्युम्न को नदी के अंदर स्नान
करते हुए एक नरम लड्डु के रूप में मिला । राजा को
आकाशवाणी हुई कि विष्णु भगवान उन्हें कह रहे हैं कि यह दिल
मेरे ही आठवें अवतार कृष्ण के रूप में है जो सदैव इस पृथ्वी पर
रहेगा । राजा इस वाणी को सुनकर तुरंत उसे लेकर जगन्नाथ
पहुंचे । जगन्नाथ में उसकी स्थापना कर दी । वह दिल के रूप
में उसी स्थान में समा गई । उसके पश्चात् उसको कोई देख या
छू नहीं पाया । इसी स्थान पर मंदिर बनाया गया जो जगन्नाथ
पूरी के नाम से प्रसिद्ध है ।

प्रश्न 224. कृष्ण की मृत्यु के बाद द्वारका का क्या हुआ ?
उत्तर. द्वारका समुँद्र में डूब गई । कहा जाता है कि आज भी वहां
के अवशेष वैज्ञानिकों को मिलते है जो इसका प्रमाण दर्शाते हैं ।

प्रश्न २25.जगन्नाथ मंदिर कहाँ स्थित है ?
उत्तर. जगन्नाथ मंदिर उड़ीसा भारत के पुरी में स्थित है । यहां श्रीकृष्ण जगन्नाथ, क्योंकि उनके साथ ही बलराम और सुभद्रा की भी पूजा होती है । यह समुंद्री तट पर पूरी के भगवान जगन्नाथ हिन्दुओं के प्रधान देवता है ।

प्रश्न 226. जगन्नाथ मंदिर किसको समर्पित है ?
उत्तर. जगन्नाथ का अर्थ है जगत के स्वामी । यह हिन्दुओं के चार धामों में से एक है । यह भगवान विष्णु के आठवें अवतार श्रीकृष्णजी को समर्पित है ।

प्रश्न 227. जगन्नाथ मंदिर के स्थान को किसने चुना ?
उत्तर. इस स्थान को आदि शंकराचार्य ने गोवर्धन पीठ के लिए चुना । यहाँ पर उन्होंने भगवान जगन्नाथ की पूजा की । इस पूजा में सभी संत शामिल हुए ।
संतो के अतिरिक्त रामानुज, रामानंद, तुलसीदास, नानक, कबीर, चैतन्यमहाप्रभु व स्थानीय संत भी शामिल थे ।

प्रश्न.228 जगन्नाथ मंदिर में रथ यात्रा उत्सव कैसे और कब मनाया जाता है ?
उत्तर. रथयात्रा उत्सव आषाढ़ मास की शुक्लपक्ष की द्वितीय को जून या जुलाई में आयोजित किया जाता है । इस रथयात्रा में मंदिर के तीनों मुख्य देवता...भगवान जगन्नाथ, बड़े भाई बलभद्र तथा भागिनी सुभद्रा की झांकिया निकली जाती है । इस पंथ के संस्थापक श्री चैतन्य महाप्रभु भगवान की ओर आकर्षित हुए थे और कई वर्षों तक पुरी में ही रहे ।

प्रश्न २29. श्रीकृष्णजी ने मानव–जाति को अपने जीवन को सुखमय बनाने के लिए क्या कहा ?

उत्तर.श्रीकृष्णजी ने बहुत सरल भाषा में समझाया :–

१.भविष्य की चिंता न करके आज को महत्व दो और इस समय के संकट का निवारण करो । जब संकट आता है तो अपने को बदलकर भी उसका निवारण करना पड़े तो करो क्योकि इससे आप का आत्मविश्वास बढ़ेगा । जो यह कर लेता है, उसका संकट दूर हो जाता है ।

२.कभी कोई घटना हमारे जीवन को एकदम परिवर्तित कर देती है योजना को आधार मत समझो । समय के अनुसार चुनौती स्वीकार करो और उसी के अनुसार चलो ।

३. सही निर्णय के लिए अपनी मानसिक स्थिति को शांत करो । जरा सोच कर देखो कि कोई भागते हुए भोजन कर सकता है ? मन को शांत करो तो भविष्य सुखद होगा ।

४. आत्मविश्वास की ताकत से ही मनोबल बढ़ता है । मन की स्थिति को बदलो ।

५. अपने बच्चों की परवरिश अच्छे संस्कारों से करो परन्तु अपने मार्ग के अनुसार मत चलायो, समय के साथ बदलो, अपने माता–पिता की छवि नहीं, भीतर की क्षमता को जागृत करो ।

***

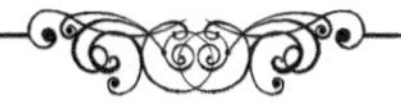

गीता का सार

★ क्यों व्यर्थ की चिंता करते हो ? किस से व्यर्थ डरते हो ? कौन तुम्हे मार सकता है ? आत्मा न पैदा होती है, न मरती है ।

★ जो हुआ, वह अच्छा हुआ, जो हो रहा है वो, अच्छा हो रहा है, जो होगा, वह भी अच्छा होगा, तुम भूत का पश्चात्ताप न करो भविष्य की चिंता न करो । वर्तमान चल रहा है ।

★ तुम्हारा क्या गया, जो तुम रोते हो ? तुम क्या लाये थे, जो तुम ने खो दिया ? तुमने क्या पैदा किया था जो नाश हो गया । न तुम कुछ लेकर आए, जो लिया यहीं से लिया ,जो दिया यही पर दिया, जो लिया भगवान से लिया । जो दिया इसी को दिया । खाली हाथ आए और खाली हाथ चले । जो आज तुम्हारा है, कल और किसी का था, परसो और किसी का होगा ,तुम इसे अपना समझ कर मग्न हो रहे हो । बस यही प्रसन्नता तुम्हारे दुखों का कारण है ।

परिवर्तन संसार का नियम है । जिसे तुम मृत्यु समझते हो ,वही तो जीवन है । एक क्षण में तुम करोड़ों के स्वामी बन जाते हो ,दूसरे ही
★ क्षण तुम दरिद्र हो जाते हो । मेरा–तेरा ,छोटा–बड़ा अपना–पराया, मन से मिटा दो, फिर सब तुम्हारा है ,तुम सब के हो ।

न यह शरीर तुम्हारा है, न तुम शरीर के हो । यह अग्नि,वायु,जल,पृथ्वी और आकाश से बना है । इसी में मिल
★ जायगा । परन्तु आत्मा स्थिर है, फिर तुम क्या हो ?

तुम अपने आप को भगवान के अर्पित करो । यह ही सबसे उत्तम सहारा है । जो इसके सहारे को जानता है, वह भय, चिंता और
★ शोक से सर्वदा मुक्त है ।

★ जो कुछ भी तू करता है, उसे भगवान के अर्पण करता चल । ऐसा करने से सदा जीवन–मुक्त का आनंद अनुभव करेगा ।

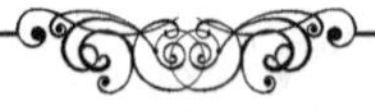

तुमने बॉसुरी को पकड़ा हैं

और

हमने तुम्हे पकड़ा है।

तुम उसे छोड़ नही सकते

और

हम तुम्हे छोड़ नही सकते

बात तो बन्धन की है कन्हैया

निभाना तुम्हे भी है

और

निभाना हमें भी है।

''जय श्री कृष्णा''

" श्रीकृष्ण के महत्त्वपुर्ण विचार "

१.ऐसा कुछ भी नहीं चेतन या अचेतन जो मेरे बिना अस्तित्व में रह सकता हो ।

२.किसी और का काम पूर्णता से करने से कही अच्छा है कि अपना काम करे, भले ही उसे अपूर्णता से करना पड़े ।

३.केवल मन ही किसी का मित्र और शत्रु होता है ।

४.बुरे कर्म करने वाले सब से नीच व्यक्ति जो राक्षसी प्रवृतियों से जुड़े है और जिनकी बुद्धि माया ने हर ली है वो मेरी पूजा या मुझे पाने का प्रयास नहीं करते ।

५.कार्य में जो निष्क्रियता और निष्कृष्यता में कार्य देखता है वह एक बुद्धिमान व्यक्ति है ।

६.कर्म उसे नहीं बांधता जिसने काम का त्याग कर दिया है ।

७. हर व्यक्ति का विश्वास उसकी प्रकृति के अनुसार होता है ।

८.जिंदगी में दो लोगो का होना बहुत जरुरी है :
एक कृष्ण......जो न लड़े फिर भी जीत पक्की कर दे ।
एक कर्ण .... जो हार सामने हो फिर भी साथ न छोड़े ।

९.जो मृत्यु के समय मेरा समरण करता है, वह मेरे धाम को प्राप्त होता है

१०. नर्क के तीन द्वार है :–
१ वासना

2.क्रोध

३ लालच

११.सदैव संदेह करने वाले मनुष्य के लिए प्रसन्नता न इस लोक में है न कहीं और ही मिलती है ।

१२.एक समय में एक काम करो और ऐसा करते समय अपनी पूरी आत्मा उसमे डाल दो और बाकि सब कुछ भूल जाओ ।

१३.क्रोध से भ्रम पैदा होता है, भ्रम से बुद्धि व्यग्र होती है जब बुद्धि व्यग्र होती है तब तर्क नष्ट हो जाता है और जब तर्क नष्ट हो जाता है तो व्यक्ति का पतन हो जाता है ।

१४. आत्मज्ञान की तलवार से काटकर अपने हृदय से अज्ञान के संदेह को अलग कर दो और अनुशासित रहो ।

१५.अप्राकृतिक कर्म बहुत तनाव पैदा करता है ।

१६.नेतृत्व करने के लिए उम्र नहीं साहस और क्षमता चाहिए ।

१७.कभी किसी चीज का घमंड आ जाये तो शमशान का एक चक्कर लगा आना, तुम से बेहतरीन लोग वहां राख होकर पड़े है ।

१८.उठ गए हो तो प्रभु का शुक्रिया अवश्य कीजिये क्याकि हर एक जिंदगी के नसीब में सवेरा नहीं होता ।

१९. जाईए—:
    दुःख में पहले
    सुख में पीछे

२०. अपने अनिवार्य कार्य करो क्योकि वास्तव में कार्य करना निष्क्रियता से बेहतर है ।

२१. अपने विचारो पर ध्यान दो क्योकि वह तुम्हारे शब्द बनेगे और अपने शब्दों पर ध्यान दो क्योकि , वह तुम्हारे कर्म बनेगे । अपने कर्मो पर ध्यान दो, क्योकि वह तुम स्वयं बनोगे ।

२२. कभी किसी के चेहरे को मत देखो कृष्ण जी कहते है उसके मन को देखो, क्योंकि अगर सफेद रंग में वफा होती तो नमक जख्मो की दवा होती ।

२३. कृष्णजी कहते है   मैं ऊष्मा देता हूँ, मैं वर्षा करता हूँ और रोकता भी हूँ, मैं अमरत्व भी हूँ और मृत्यु भी ।

२४.   दुनिया की सब से अच्छी किताब हम स्वयं है और स्वयं को समझ लीजिये सब समस्याओं का समाधान हो जाएगा ।

२५.जीवन न तो भविष्य में है न अतीत में है,जीवन तो बस इस पल में है ।

२६.''डर'' मुझे भी लगा फासला देखकर,
   पर मैं बढ़ता गया रास्ता देखकर,
   स्वयं आती गई मेरे नजदीक मेरी मंजिल
   मेरा होंसला देखकर ।

२७. किसी ने पूछा जब कण–कण में भगवान है तो मंदिर क्यों जाते हो ?
बहुत ही सूंदर जवाब मिला हवा तो धुप में भी चलती है,पर आनंद छाँव में ही बैठ कर आता है, वैसे ही भगवान सब तरफ है, पर आनंद मंदिर में ही बैठकर आता है

२८. हे ईश्वर एक आईना कुछ ऐसा बना दे, जो चेहरा नहीं नियत दिखादे ।

२९. मनुष्य अपने विश्वास से निर्मित होता है, जैसा वह विश्वास करता है वैसा ही वह बन जाता है ।

३०. कर्म करो फल की चिंता मत करो ।

३१.व्यक्ति जो चाहे बन सकता है यदि विश्वास के साथ इच्छित वस्तु का लगातार चिंतन करें ।

३२. मृत्यु सत्य है ,इसे नकारा नहीं जा सकता और जन्म लेने वाले के लिए मृत्यु उतनी ही निश्चित है जितना की मृत होने वाले के लिए जन्म लेना । इसलिए जो टलनेवाला नहीं है उस पर शोक मत करो ।

३३.बुद्धिमान व्यक्ति कामुक सुख में आनंद नहीं लेता ।

३४.शिक्षा लेनी हो तो किसी से भी ले सकते है एक फकीर नदी के किनारे बैठा था ,एक राहगीर ने पूछा ...बाबा क्या कर   रहे हो ? फकीर ने उत्तर दिया की इंतजार में हूँ कब नदी पूरी तरह बह जाए तो मैं उस पार जाऊं इस पर राहगीर ने कहा कि इस इंतजार में आप कभी भी नदी पार नहीं कर सकते,

यह तो लगातार बहती रहेगी ।

फकीर ने कहा यही तो मैं तुम को समझाना चाहता हूँ । तुम लोग सदैव कहते रहते हो कि एक बार अपनी जिम्मेदारियां पूर्ण कर ले फिर हम कुछ भले कार्यों में अपना समय देंगें, जैसे नदी का जल समाप्त नहीं होगा ठीक वैसे ही जीव के काम समाप्त नहीं होंगे । जीवन खत्म हो जाएगा अभी आप सब सही रास्ते की खोज करो और कुछ कर के दिखाओ ।

३५. गीता में लिखा है
     निराश मत होना कभी,
     क्योकि
     कमजोर तेरा वक्त है ।
        " तू नहीं "

३६. मेरे लिए न कोई घृणित है न प्रिये जो व्यक्ति भक्ति के साथ मेरी पूजा करता है । वह मेरे साथ है और मैं उनके साथ हूँ ।

३७. जो अपने लिए जीते हैं वह मर जाते है और जो समाज के लिए मरते हैं वो मर के भी जिन्दा रहते हैं ।

३८. जीवन में आपको कौन –कौन मिलेगा, यह समय तह करेगा , जीवन में आप किस–किस से मिलेंगे, यह आप तह करेंगे, किस– किस के दिलों में रहेगें, यह आप का व्यवहार तह करेगा ।

39. गलतफहमी का एक पल इतना जहरीला होता है, जो प्यार भरे सौ लम्हों को एक पल में भुला देता है ।

40.व्यक्ति का चरित्र एक वृक्ष है और उसका मान–सम्मान एक छाया, लेकिन यह कितने दुःख का विषय है कि हम हमेशा छाया

की सोचते हैं, लेकिन असलियत तो वृष ही है ।

41.किसी को भी खुश करने का अवसर मिले तो छोड़ना मत, वो फरिश्ते ही होते है जो किसी के चेहरे पर मुस्कराहट दे पाते हैं ।

४२. पैर की मोच और छोटी सोच,
     हमें आगे नहीं बढ़ने देती ।
     टूटी कलम और औरों से जलन,
     स्वयं का भाग्य लिखने नहीं देती ।
     काम का आलस्य और पैसो का लालच,
     हमें महान नहीं बनने देता ।
     अपना महजब ऊँचा और गैरों का नीचे,
     यह सोच हमें इंसान नहीं बनने देती ।

४३.फल के आने से वृक्ष झुक जाते हैं,
     वर्षा के समय बदल झुक जाते हैं,
     सम्पति के समय सज्जन भी नम होते हैं,
     परोपकारिओ का सवभाव ही ऐसा है   ।

४४. जिंदगी के पांच सच
     १. मां के सिवा कोई वफादार नहीं हो सकता ।
     २. गरीब का कोई दोस्त नहीं होता ।
     ३.आज भी लोग अच्छी सोच का नहीं , अच्छी सूरत को अहमियत देते हैं ।
     ४.इज्जत सिर्फ पैसे की है इंसान की नहीं ।
     ५.जिस व्यक्ति को अपना समझो
      अधिकतर वो ही दुःख व् दर्द देता है ।

४५.	लाख दलदल हो पांव जमाये रखना,
	खाली ही सही ऊपर उठाये रखना,
	कौन कहता है छलनी में पानी रुक नहीं सकता,
	बर्फ बनने तक हौंसला बनाये रखना ।

४६.	'मन मिले जिस से रिश्ता रखो उससे'
	जहां कद्र नहीं .....वहां जाना नहीं
	जो सुनता नहीं .....उसे समझाना नहीं
	जो पचता नहीं ......उसे खाना नहीं
	जो सत्य पर भी रूठे .....उसे मनाना नहीं
	जो नजरों से गिर जाये ....उसे उठाना नहीं
	जीवन में तकलीफ आए ......घबराना नहीं
	मौसम की तरह जो दोस्त बदले.......उसे दोस्त बनाना
	नहीं ।

४७.	जैसे ही मैंने अपनी जरूरतें समेटी हैं,
	वैसे ही खुशियां मेरे घर लौटीं है,
	जैसे ही मैंने अपना क्रोध कम किया है,
	वैसे ही शांति का घर में आगमन हुआ है,
	जैसे ही मैंने निस्वार्थ कर्म किया है,
	वैसे ही मुझे संतोष धन मिला है,
	जैसे ही मैंने किसी की मदद के लिए हाथ बढ़ाया है,
	वैसे ही अपने गमों को कोसों दूर भगाया है ।

४८.	जो व्यवहार आपको दूसरों से पसंद न हो,
	ऐसा व्यवहार आप दूसरों के साथ भी न करे ।

४९.	जीवन में ज्यादा रिश्ते होना जरुरी नहीं है,
	पर जो रिश्ते हो उनमे जीवन होना जरुरी है ।

५०. बाहर से जो व्यक्ति जितना अभिमानी होता है
वह अंदर से उतना ही अधिक भयभीत होता है ।

५१. भागती– दौड़ती जिंदगी में रुक कर सोचे जरूर
कि
कहाँ पहुंचना है ....किस से जीतना है ।

५२. प्रह्लाद जैसा विश्वास हो,
भिलनी जैसी आस हो,
द्रोपदी जैसी पुकार हो,
मीरा जैसा इंतजार हो,
तो श्रीकृष्ण को आना ही पड़ता है ।

५३. राधे –कृष्ण का मतलब ...
राह दे कृष्ण
राधिका – कृष्ण का मतलब
राह दिखा कृष्ण
मीरा –कृष्ण का मतलब
मेरा कृष्ण
हरे कृष्ण का मतलब
हर एक का कृष्ण।

५४. पकड़ लो हाथ मेरा प्रभु,
जगत में भीड़ भारी है,
कहीं मैं खो न जाऊं,
जिम्मेदारी यह तुम्हारी है ।

५५. प्रभु खोजने से नहीं मिलते हैं,
उस में खो जाने से मिलते है ।

५६. मीठा बोलने वाला और सदा विनम्र रहने वाला मनुष्य,
हर हृदय को सरलता से जीत जाता है।

५७.   परखता तो वक्त है,
कभी हालात के रूप में,
कभी मजबूरियों के रूप में ।
भाग्य तो बस आपकी,
काबिलियत देखता है ।
जीवन में कभी किसी से,
अपनी तुलना मत करो ।

५८. इतिहास कहता है कि
कल सुख था
विज्ञान कहता है कि
कल सुख होगा
लेकिन धर्म कहता है कि
अगर मन सच्चा और दिल अच्छा हो तो
हर रोज सुख होगा ।

५६. सम्पूर्ण गीता का यही सन्देश ......
कि पहचानो ....
तुम हो कौन ....???

६०.लोग कहते है अपनों के आगे, झुक जाना चाहिए,
लेकिन सच बात तो ये है कि, जो लोग अपने होते है,
वे आप को कभी झुकने नहीं देते ।

६१. हे कान्हा ....
आओ पूरी कायनात का,
बॅटवारा करते है,
तूम मेरे,
बाकि सब तुम्हारा ।

६२.ईश्वर हमें कभी सजा नहीं देते,
हमारे कर्म ही हमें सजा देते है,
इसलिए कर्म भी सोच समझ कर की जिएगा ।

६३. स्वर्ग में सबकुछ है लेकिन मौत नहीं है,
गीता में सबकुछ है लेकिन झूठ नहीं है,
दुनिया में सब कुछ है लेकिन सकून नहीं है,
आज के इंसान में सब कुछ है लेकिन सब्र नहीं है ।
किसी ने क्या खूब कहा है ....
ना खुशी खरीद पाता हूँ,
ना ही गम बेच पाता हूँ,
फिर भी ना जाने क्यों,
हर रोज कमाने जाता हूँ   ।

६४. अगर अधर्मी सिर्फ समझने से समझते तो,
बांसुरी बजानेवाला कभी महाभारत नहीं होने देता ।

६५. आंसू कभी आंखो मे ये भरने नहीं देता
दर्द भी चेहरे पर उभरने नहीं देता,
इस तरह रखता है मेरा शाम मुझको,
कि टूट भी जाऊं पर मुझे बिखरने नहीं देता ।

६६. पानी का स्वाद तब लिया जाता है जब आप प्यासे होते है,
ठीक उसी तरह .....
एक सच्चे इंसान के प्रेम और महत्व का पता तब चलता है,
जब हम अकेले होते है ।

67. कहते है की भरोसा खुद पर रखो तो ताकत बन जाती है
और दूसरों पर रखो तो कमजोरी बन जाती है । आप कब सही
थे, इसे कोई याद नहीं रखता लेकिन आप कब   गलत थे, ये
सब याद रखते है ।

६८. जिंदगी के इस रण में खुद ही अर्जुन बनना पड़ता है और
खुद ही कृष्ण प्रतिदिन स्वयं ही अपना सारथी बन कर जीवन की
महाभारत लड़नी पड़ती है ।

६९. भगवान प्रत्येक वस्तु में है और सब के ऊपर भी मौजूद है ।

७०. एक बार श्रीकृष्ण से अर्जुन ने कहा ......
इस दीवार पर कुछ ऐसा लिखो
कि खुशी में पड़ू तो दुःख हो
और दुख में पड़ू तो खुशी हो ।
कृष्णजी ने लिखा .....
" ये वक्त भी गुजर जायेगा "

७१. दुर्योधन ने श्री कृष्ण की पूरी नरायणी सेना मांग ली थी और
अर्जुन ने केवल कृष्ण को मांगा था ,उस समय कृष्ण ने अर्जुन से
मजाक करते हुए कहा ..
हार निश्चित है तेरी, हरदम रहेगा उदास ।
माखन दुर्योधन ले गया, केवल छाछ बची तेरे पास
अर्जुन ने कहा ....
हे कृष्णा जीत निश्चित है मेरी, दास हो सकता नहीं उदास

माखन लेकर क्या करूँ, जब चोर है मेरे पास ।

७२.   खुद ही रोते है, खुद ही मुस्कराते है,
          यही हल होता है जो तुझ से दिल लगाते है ।
          कभी तो नींद नहीं आती तेरी याद में कान्हा
          कभी तेरे सपने देखने के लिए यूँ ही सो जाते है ।

७३.   ' जरुरत आज की '
       परिवर्तन संसार का नियम है, जिसे तुम मृत्यु समझते हो,
       वही तो जीवन है । एक क्षण में तुम करोड़ो के स्वामी बन
       जाते हो , दूसरे ही क्षण में तुम दरिद्र हो जाते हो ।
       मेरा–तेरा ,छोटा –बड़ा, अपना –पराया मन से मिटा दो
       फिर सब तुम्हारा है और तुम सब के हो ।

७४.   भगवान शिव से पूछा गया कि आप विश्राम में सदा कैसे
          रहते है जब कि आप के कंठ में तो विष है ?
          महादेव ने अति सूंदर उत्तर दिया .....
          मेरे कंठ में तो विष है पर हृदय में राम है इसलिए मुझे सदा
          ही विश्राम है ।

७५.   पत्थर की मूरत को दिया जलाने की जरुरत नहीं है ....
          किसी का दिल न जले, यह ध्यान रहे तो समझो कि पूजा
          हो गई ।

७६.   इधर हमने मांगना छोड़ा उधर परमात्मा देने को व्याकुल
          हो गए ।

७७.   जीवन को खोजो, अन्यथा मृत्यु आप को खोज रही है ।

७८. मिलने को तो हर शक्स हम से बड़े सम्मान से मिला, पर जो भी मिला ....
    किसी न किसी काम से मिला ।

७९. ' कड़वा सत्य '
जिस कॉपी पर सब विषयो को सँभालने की जिम्मेदारी होती है, वो अक्सर रफ कॉपी बन जाती है । परिवार में जिम्मेदार इंसान का भी यही हाल होता है ।

८०.   कर्मों से डरिये, ईश्वर से नहीं,
       ईश्वर माफ कर देता है, कर्म नहीं ।
       अटल सत्य है कि जैसे बछड़ा
       १०० गायों में से भी अपनी मां
       100 गायों मे से भी अपनी मॉ को ढूंढ लेता है,
       ठीक उसी प्रकार
       कर्म अपने कर्ता को ढूंढ ही लेता है,
       आज नहीं तो कल ।

८१. ' चार से विवाद मत करिये'
           १.मुर्ख से
           २.पागल से
           ३.गुरु से
           ४.माता–पिता से
            ' चार से शर्म नहीं करना '
           १. पुराने कपड़ो से
           २. गरीब साथिओं से
           ३.बूढ़े माता –पिता से
                 और
           4.सादे रहन –सहन में

५.व्यक्तिगत पहचान ...संसार में आकर एक ऐसा अच्छा कार्य करो
कि आपकी अपनी व्यक्तिगत पहचान हो यह सब के लिए है ।

८३. रिश्ते आजकल रोटी की तरह हो गए है, जरा सी आंच तेज
क्या हुई जलभुनकर खाक हो जाते है ।

८४.   ' शब्द '
शब्द भी एक प्रकार का भोजन है, किस समय कौन सा शब्द
परोसना है,   वह आ जाये तो दुनिया में उस से बड़ा कोई
रसोइआ नहीं । शब्द का भी अपना एक स्वाद है, बोलने से पहले
स्वयं चखकर देख लीजिये,   यदि स्वयं को अच्छा न लगे तो
दूसरों को कैसे अच्छा लगेगा ।

८५. अच्छे से कमायो, अच्छे से खायो और अच्छे से सो जायो ।
जीवन में आने वाली हर चुनौती को स्वीकार करो ।
अपनी पसंद की चीजों पर खर्च करो । इतना हसियें की पेट दर्द
होने लगे । कितना भी बुरा नाचते हो फिर भी नाचिये और उस
खुशी को महसूस करो । फोटो के लिए बच्चों व् पागलो जैसे
पोज बनाइये क्योंकि मृत्यु जिंदगी की सबसे बड़ी हानि नहीं,
हानि वो है या दुःख वो है कि आप जिन्दा रहकर भी जिंदगी में
जिन्दा रहने की आस खो चुके हो ।

हमेशा महसूस करो

हर पल में मैं खुश हूँ, आराम में खुश हूँ, आज पनीर नहीं तो
दाल में खुश हूँ, दूसरों का साथ नहीं तो अकेले में खुश हूँ,
आज कोई नाराज है तो उसके इस   अंदाज से भी खुश हूँ,
जिसको देख नहीं सकता उसकी आवाज में खुश हूँ, जिस को पा
नहीं सकता उस की सोच में खुश हूँ, बीता हुआ पल जो जा
चूका है उसकी मीठी व खट्टी याद में खुश हूँ, मैं कल आने वाले
पल की इंतजार में खुश हूँ, बीत रहा है पल सो आज में खुश
हूँ ।

105

जिंदगी है छोटी ,हर पल में हर हाल में खुश हूँ । आप को अच्छा लगे तो भी ..न लगे तो भी खुश हूँ ।

८६. भगवान की अदालत में,
वकालत बड़ी न्यारी है,
खामोश रहिये, कर्म कीजिये, सब का मुकदमा जारी है ।

८७. लगातार हो रही असफलताओं से निराश नहीं होना चाहिए, क्योकि
कभी –कभी गुच्छे की आखिरी चाबी भी ताला खोल देती है ।

८८. बुरे दिनों का सब से बड़ा लाभ,
अच्छे –अच्छे दोस्त व् अपने परखे जाते हैं ।

८९. प्रभु से कुछ मांगने पर न मिले,
तो भी उसका शुक्रिया करना
क्योकि
प्रभु वह नहीं देता जो आप चाहते हो, परन्तु
वह देता है जो आप के लिए अच्छा होता है ।

९०. जिंदगी में दुःख –सुख दोनों का आना आवश्यक है क्योकि दिल की बीमारी नहीं होने देता । केवल सुख मिलते रहेंगे तो जीवन रेखा का लगातार सीधा रहना हानिकारक है यह विज्ञानं भी कहता है । यदि दिल की जाँच में रेखा सीधी है तो समझो दिल का फेल होना संभव है और यदि जिग्ग –जैग है तो समझो दिल ठीक काम कर रहा है । नियंत्रण बनाने के लिए प्रभु की कारीगरी का कोई जवाब नहीं ।

६१. खुशी उनको नहीं मिलती जो जिंदगी अपनी शर्तों पर जिया करते हैं, खुशी उनको मिलती है जो दूसरों की खुशी के लिए अपनी शर्तें बदल दिया करते हैं ।

६२. किसी को तकलीफ देकर मुझसे अपनी खुशी उम्मीद मत करना लेकिन अगर किसी को एक पल भी खुशी का दिया तो अपनी तकलीफ की फिकर मत करना ।

६३. दर्द सब के एक है मगर होसलें सब के अलग –अलग है, कोई हताश होकर बिखर गया तो कोई संघर्ष करके निखर गया ।

६४. अगर आप खुश रहना चाहते हो तो किसी पर आस न रखो, सिवाए कान्हाजी के ।

६५. दर्द, गम, डर जो भी है तेरे अंदर है,
      स्वयं के बनाये पिंजरे से बाहर निकलकर देख,
      तू भी सिकंदर है ।

६६. भाग्य के दरवाजे पर सर पीटने से बेहतर है
कर्म का तूफान पैदा कर, सारे बंद दरवाजे स्वयं खुल जायेंगे ।

६७. भगवान कृष्ण जी ने कहा है कि कोई किसी के पास तीन परिस्थितयों में जाता है ...
    १.भाव में ..... बस प्रेम चाहिए
    २.आभाव में .... मदद चाहिए
    ३. प्रभाव में ..... आप इस हेतु सक्षम स्वयं है तो उसका
                    तिरस्कार कभी मत करना । तीनो हालातों में
                    जो जिस को चाहिए देने का प्रयत्न करो ।

९८. आपकी मुस्कराहट आप के चेहरे पर भगवान के हस्ताक्षर है । उसको क्रोध करके मिटाने की अथवा आंसुओ से धोने की कोशिश न करे । जीवन में कभी किसी से अपनी तुलना मत कर,आप जैसे है सर्वश्रेष्ठ है । ईश्वर की हर रचना अपने आप में सब से उत्तम है और अद्भुत भी । ईश्वर की रचना का सदैव शुक्रिया करो और प्रसन्न रहो ।

९९. ' जिंदगी की किताब के तीन पन्ने '

जन्म

———————

हमे भरना है
प्यार –विश्वास –मुस्कराहट

———————

मृत्यु ?

जिसने दी है जिंदगी उसका साया भी नजर नहीं आता ।यूँ तो भर जाती है झोलियाँ, मगर देने वाला नजर नहीं आता । उनकी परवाह मत करो जिनका विश्वास वक्त के साथ बदल जाये । परवाह सदा उनकी करो जिनका विश्वास तब भी रहे जब आपका वक्त बदल जाये ।

१००. जहर का भी अपना हिसाब है, मरने के लिए जरा सा पर जीने के लिए बहुत सारा पीना पड़ता है । गलतफेमियों के सिलसिले इतने दिलचस्प है कि हर ईंट यह सोचती है कि दीवार मुझपर टिक्की है ।

१०१. उड़ने दो मिट्टी को, आखिर कहाँ तक उड़ेगी, हवाओं ने जब साथ छोड़ा तो जमीं पर ही गिरेगी, माना कि औरों के मुकाबले कुछ ज्यादा नहीं पाया मैंने, लेकिन खुश हूँ कि खुद गिरता सम्भलता रहा, किसी को गिराया नहीं मैंने ।

जय श्री कृष्णा

अभिस्वीकृति

आधुनिक युग में मानव हिन्दू संस्कृति की तरफ से हटकर पश्चिमी सभ्यता की ओर अग्रसर होता जा रहा है । इस प्रभाव को देखते हुए हमने संकल्प लिया कि कृष्णजी ने जो मानव रूप में अवतार ले कर द्वापर युग में प्रवेश किया तो उन्होने अपनी १६ कलाओं का इस प्रकार से प्रदर्शन किया ताकि वह धर्म –अधर्म का उचित प्रकार से ज्ञान दे सके । इस को ध्यान में रखते हुए हमने प्रश्नोतर द्वारा कृष्णजी के व्यक्तित्व का प्रदर्शन किया है । इस कार्य में प्रमोद शर्मा और प्रभा वधावन मेरे सहयोगी रहे । मुझे आशा है कि इस प्रश्न्नाजँलि द्वारा हम मानव जाति को हिन्दू संस्कृति की ओर प्रेरित कर सकेगें   ।

www.ingramcontent.com/pod-product-compliance
Lightning Source LLC
LaVergne TN
LVHW050613200726
843508LV00010B/1841